ESTA SOY

ESTA SOY

Saskia
niño de Rivera
Cover

Reflexiones sobre el activismo, la justicia social, el amor libre y la maternidad en un México lastimado

AGUILAR

El papel utilizado para la impresión de este libro ha sido fabricado a partir de madera procedente de bosques y plantaciones gestionadas con los más altos estándares ambientales, garantizando una explotación de los recursos sostenible con el medio ambiente y beneficiosa para las personas.

Penguin Random House Grupo Editorial

Esta soy
Reflexiones sobre el activismo, la justicia social, el amor libre y la maternidad en un México lastimado

Primera edición: noviembre, 2025

ISBN: 978-607-386-697-2

Impreso en México – *Printed in Mexico*

A mis hijos y a mi esposa, mis grandes amores:
Por ustedes aprendí que el amor tiene muchas formas
y que la verdad, cuando se dice en voz alta, libera.
En un mundo donde abundan las medias verdades,
esta verdad es la mía.
Contada con cicatrices, con ternura, con entrañas.
Los amo.

Índice

Abro mi corazón, abro mi vida

Escribir este libro ha sido un acto de libertad: la libertad de abrir mi corazón para expresar mis ideas sobre el amor, mi familia, la justicia, la desigualdad, el activismo o la esperanza. Mi propósito es hacer a un lado suposiciones, interpretaciones y tantos argumentos sobre mí salidos de Internet para cuestionar mis actos o mis pensamientos. En estas páginas quiero hablar de mi camino por la vida, de mis tropiezos y temores, de mi formación profesional, quiero hablar con honestidad, incluso muchas veces vulnerable sobre momentos de mi vida -algunos se han hecho públicos, otros no-, que me han marcado por ser situaciones críticas o culminantes, pero apelando siempre a la sinceridad; confieso mis temores y convicciones, hablo de lo que creo y de lo que sueño, y de las veces que tuve levantarme de alguna adversidad.

Me atrevo a escribir parte de mi vida porque creo profundamente en el poder de narrar desde lo vivido, en compartir de viva voz mis experiencias, lo que duele, lo que transforma, lo que cambia, lo que libera.

No es un libro sobre una sola historia. Es un libro sobre muchas vidas que se han cruzado con la mía y me han convertido en la persona que soy.

Me importa que cada palabra tenga sentido, que cada historia se lea con el corazón. Este libro no busca justificar, sino visibilizar. No pretende señalar, sino comprender. Y, sobre todo, es un libro para recordar que las realidades más dolorosas también merecen ser contadas.

En este libro abro mi corazón, no solo quiero escribir sobre historias de cárceles, sobre crimen, sobre justicia, si los menciono es porque estos temas forman parte de mi vida. La realidad es que este libro habla sobre mi propia historia, sus contradicciones, sus heridas y sus verdades más incómodas.

Lo escribo porque me niego a que otros cuenten mi historia por mí. En un mundo saturado de ruido, de medias verdades y de versiones manipuladas, quiero dejar mi historia, mi opinión, mi verdad: la real, la imperfecta, la que incomoda, la que me ha hecho la mujer, la madre, la activista, la periodista y la emprendedora que soy .

Aquí van a encontrar historias duras, sí, pero también profundamente humanas. Conocerán mis decisiones más difíciles, mis miedos más profundos, mis errores y mis luchas. Se asomarán a los pasillos de las cárceles, a las trincheras del activismo, a los amores que rompieron esquemas y a las maternidades que sanaron lo que parecía irremediable.

Van a encontrar más preguntas que respuestas. Más dudas que certezas. Pero, sobre todo, van a encontrar una verdad, siempre abierta a la discusión, a la transformación. Esta soy, con dudas y convicciones, con anhelos y caidas, con el corazón siempre dispuesto a defender lo que cree.

Escribo este libro porque creo en la fuerza de las historias para cambiar el mundo. Porque creo que lo personal es político. Y porque no sé cuánto tiempo estaré aquí para contarle a mis hijos quién fui, pero sí sé que ellos —y tú, que hoy lees esto— merecen conocer en lo que creo y en lo que aposté sin filtros.

Este libro no busca convencerte. Busca invitarte a mirar distinto. A pensar. A sentir. A recordar que la dignidad, la empatía y la justicia no deberían ser lujos, sino costumbre.

Ahora sí, te invito a entrar conmigo al lugar donde el dolor, el amor y la justicia se cruzan: mi vida.

Saskia

1.

MIS RAÍCES SON MI FORTALEZA

Algo esencial para entender mi vida profesional es que yo no planeé absolutamente nada. Y éste es un tema del que me gusta mucho hablar, porque desde afuera podría parecer que por salir en medios de comunicación o por tener cierto "éxito" en algunos ámbitos, lo tengo todo. Pero no es así. Hay mucho más alrededor de lo que socialmente llamamos "éxito".

Si tuviera la oportunidad de hablar de éxito profesional —y ojo, esto no tiene nada que ver con fama, poder o dinero—, diría que la parte profesional está profundamente arraigada a quién soy y cómo me percibo.

Nunca fui buena en la escuela. Recuerdo que en la secundaria y la prepa celebraba los viernes y lamentaba los domingos. Y cuando empecé a trabajar en algo que realmente amaba profundamente, dejé de lamentarlos. Me sentía afortunada por estar, al fin, en un lugar donde era feliz haciendo lo que hacía. Esto es importante porque vengo de sufrir muchísimo mi etapa académica. Nunca saqué buenas calificaciones. Entre que no me gustaba estudiar y cuando lo hacía no me iba bien, terminé con una profunda decepción de mis capacidades. Todo desde un lugar muy interno, de mí para mí.

Recuerdo que mis papás me llevaron a hacer estudios vocacionales y una prueba de IQ. Nunca se me va a olvidar: salí por debajo del promedio nacional. Para mí fue una tragedia. Me sentí decepcionada. Mis papás habían invertido tanto en mi educación, iba a una escuela privada considerada de las mejores de México… me sentí tonta, incapaz. Esa sensación me marcó, y si no hubiera caído en manos de personas como Pablo Carstens, Renato Sales Heredia, o una socia increíble como Mercedes Castañeda, tal vez nunca habría comprobado que la parte académica no es la única medida del valor profesional de una persona.

Y esto no lo digo para menospreciar la educación que me dieron mis papás, al contrario: soy profundamente afortunada. El Colegio Americano me dio herramientas valiosas para ser quien soy. Si bien sufrí en lo académico, también me ofrecieron oportunidades enfocadas en el liderazgo, la humanidad y el conocimiento histórico. De hecho, mi primer acercamiento humanitario vino gracias al Americano.

La primera vez que se me rompió la burbuja del mundo en el que vivía fue con un proyecto en el que participé junto a mi mejor amigo, Alejandro Rossette. Teníamos que colaborar en una organización social, y fuimos a una casa hogar. Lo que vi ahí me cambió. No lo digo con vergüenza ni desde una postura moralista, sino con gratitud. Nací en una burbuja, sí, y eso es una fortuna porque nadie escoge dónde nace. Ése es uno de los grandes problemas de México: el racismo y el clasismo que parten de la falsa idea de que vales más o menos según tu lugar de origen, apellido o color de piel. No nacemos mejores por tener ojos claros o por venir de cierta colonia. Lo grave es que muchos sí lo creen, y con base en eso hemos creado una sociedad profundamente desigual.

Vengo de un lugar donde el amor y la aceptación fueron el centro de todo. Crecí en un hogar en el que nunca me impusieron expectativas ajenas, al contrario, siempre se me acompañó con paciencia y cariño para convertirme en la mejor versión de mí. Mis papás y mis hermanos han sido todo el tiempo mis mayores referentes, y en este capítulo quiero expresarles el profundo agradecimiento que siento por ellos por haberme dado las bases más valiosas que una persona puede tener: confianza, libertad y amor incondicional.

Crecí en una familia atea y anti deísta, algo que no siempre resulta fácil en un país donde la religión impregna tantos aspectos de la vida social. Para algunos, esa ausencia de fe podría parecer una carencia, pero para mí ha sido una riqueza. No crecí con la creencia en un ser superior y, lejos de hacerme falta, me permitió comprender lo terrenal con amor, compasión y, sobre todo, con acción. Al no delegar responsabilidades en lo divino, aprendí que todo lo que tenemos está aquí, en lo humano, y que nuestras acciones son lo único que realmente construye futuro. Nunca me ha faltado la creencia en "algo" porque creo en la humanidad y en el amor como eje central de lo que nos mueve hacia una sociedad más justa y solidaria.

Mi acercamiento a las religiones, aunque respeto las decisiones y creencias de las personas, en cambio, me han llevado a momentos oscuros. Muchas veces fui juzgada y criticada por lo que pienso, por quien soy o por mi orientación sexual. Esas experiencias no hicieron más que reafirmar mi convicción de que si hubiera un dios no promovería el odio ni la división, sino lo contrario: el amor y la unión entre las personas. Creo profundamente en la gente, en la fuerza que tenemos como comunidad y en la posibilidad de encontrar un bien colectivo a través de la solidaridad y el respeto.

Para mí, el privilegio en México no se mide en la cantidad de dinero que alguien tiene en el banco. El verdadero privilegio está en el amor que recibes de quienes te rodean: en que alguien se siente a tu lado a hacer la tarea, en que tus padres se presenten en la escuela a hablar con tus maestros, en dormir bajo un techo seguro y nunca con hambre. Privilegio es soñar y luchar por tus metas sin ser discriminada por tu color de piel, tu género o tu orientación sexual. Privilegio es crecer en una casa donde se escuchaba música y conversaciones, no gritos; donde se cultivaba la libertad de pensamiento, no la imposición de creencias ni el peso del machismo o del odio.

Una de las experiencias que más marcó mi comprensión de estos contrastes fue la primera vez que trabajé en un centro de internamiento para adolescentes en conflicto con la ley. Un día estaba con cuatro jóvenes jugando *Life*. Dos de ellos, con apenas 15 años, estaban acusados de secuestro. Mientras compartíamos la dinámica, se hizo evidente lo distinto de nuestras realidades.

Al inicio, todo parecía transcurrir de manera normal: algunos de los adolescentes avanzaban en el tablero eligiendo caminos de estudio y trabajo, ganando poco a poco recompensas ficticias. Sin embargo, los dos acusados de secuestro, al ver que sus compañeros estaban por "ganar" gracias a sus elecciones, decidieron secuestrar a las familias ficticias de los demás jugadores y amenazaron con mutilarlas si no les entregaban el dinero que habían acumulado.

Aunque era un juego dentro de un espacio cerrado, lo que sucedió reflejaba la manera en que habían aprendido a resolver conflictos desde muy pequeños: con violencia, con la imposición del miedo y con la creencia de que no tenían nada que perder. Con solo 14 o 15 años, ya llevaban sobre sus hombros un destino marcado por el odio, el abandono y la enseñanza de que su valor estaba en hacer daño. Esa escena me reafirmó que lo más preciado que tenemos como sociedad es nuestra responsabilidad de cobijar a las infancias, porque ellas son y serán el reflejo de lo que les enseñemos.

Hoy sé que fui profundamente afortunada por la familia en la que crecí y por las oportunidades que tuve. Sin mis papás y mis hermanos, no estaría donde estoy ni sería quien soy. Ellos no solo marcaron mi camino profesional y personal, también me dieron las herramientas para maternar desde el amor, la compasión y la certeza de que mi única responsabilidad con mis hijos es acompañarlos a ser felices, plenos y personas de bien.

Ese contraste entre lo que viví en mi infancia y lo que después conocí en el trabajo con adolescentes en conflicto con la ley me hizo valorar todavía más el privilegio de haber crecido en una casa llena de amor, libertad y apoyo. Entendí que esas bases no solo marcaron mi carácter, sino que también fueron la semilla de lo que después sería mi vida en la escuela y en mi formación profesional.

Si tuve la fuerza para enfrentar los retos académicos, para alzar la voz en espacios que muchas veces no estaban listos para escucharme y para mantenerme fiel a mis convicciones, fue porque mi familia me había enseñado a confiar en mí y a encontrar sentido en lo humano y lo colectivo. Desde las aulas de la escuela hasta los pasillos de la universidad, fui reafirmando que el amor con el que crecí se podía transformar en compromiso con la sociedad.

Así comenzó a trazarse el puente entre mi historia personal y mi vida académica. Cada clase, cada proyecto, cada conversación con compañeros y maestros fue un terreno donde pude sembrar las enseñanzas de mi casa. Y poco a poco descubrí que mi camino profesional no era más que la continuación de ese legado: una vida guiada por el amor, la compasión y la certeza de que el conocimiento tiene que ponerse al servicio de los demás.

Yo no escogí mi color de piel ni el privilegio en el que nací. No me avergüenzo de ello, pero sí me responsabilizo. Soy consciente de mis privilegios y, por lo mismo, me comprometo con el país que amo: México. Un país lleno de injusticias, de momentos que duelen, pero que sigo amando profundamente.

Gracias al Americano, tuve la oportunidad de conocer Casa Alianza, una fundación que hoy es referente en México por su trabajo con niños en situación de calle. Me asignaron trabajar en Casa SEDAC, donde vivían niñas embarazadas o con bebés, todas en situación de calle, muchas de ellas consumidoras de drogas. Yo tenía apenas 14 años, pero empecé a darles pláticas de educación sexual. Como mi escuela era laica, desde muy joven tuve clases sobre anticoncepción, métodos de prevención y salud reproductiva. Fue impresionante. Íbamos a buscarlas a las coladeras, literal. Me impactó descubrir comunidades completas viviendo debajo de las calles.

Ahí entendí el privilegio, el poder de la información y la importancia de una educación integral. Muchas de estas niñas jamás recibirán ese tipo de formación. A veces solo les hablan de abstinencia, desde un enfoque religioso, y sí: ojalá una niña de 12 años no tuviera relaciones sexuales. Pero la realidad es otra, y no podemos educar desde la negación. Ahí me prometí educar a mis hijos sin dogmas, con conocimiento, libres de culpa.

Ese proyecto fue un parteaguas. Fue la primera y única vez que saqué una mención honorífica en la escuela, pero más allá del reconocimiento académico, ese trabajo me cambió la vida. Me quedé trabajando ahí años. Recuerdo que una vez, una niña encerró a su hijo en un cuarto y lo golpeaba. Tenía apenas dos años. Se llamaba Gerardo, nunca lo voy a olvidar. Las cuidadoras, desesperadas, me pidieron que me lo llevara. Yo tenía 15 años. Lo tomé en brazos, lo llevé al médico, lo subí a la camioneta y pensé: "Lo voy a adoptar". Le hablé a mi mamá desde un celular Nokia. Le dije: "Mamá, llevo a un bebé". Obviamente pegó el grito en el cielo, pero me apoyó. Le compró una Cajita Feliz. Recuerdo que Gerardo solo se comió el pan. Supongo que era lo único que conocía.

Ese episodio me marcó. Me enojé mucho con mis papás cuando me dijeron que no podíamos adoptarlo. No entendía la complejidad legal, emocional, ni los antecedentes de violencia que cargaba el niño. Pero al final, le salvamos la vida. Se denunció el caso, y Gerardo fue adoptado. Su madre desapareció. Nunca la volví a ver.

Ese fue mi primer contacto con la desigualdad, la injusticia, y el poder transformador del trabajo con propósito.

Ya en la preparatoria, después de haber trabajado en la casa hogar y haber visto de cerca las desigualdades que existen en el país, tenía más o menos claro hacia dónde quería dirigir mi vida. A los 15 años ya había convivido con niñas que vivían en las coladeras, y a los 18 ya trabajaba en una agencia antisecuestros. Me apasionaba el tema, pero quería entenderlo a profundidad. Estaba segura de que quería estudiar Criminología. Mi sueño era trabajar en el FBI, ser detective y resolver casos en Estados Unidos.

El problema era que en la escuela no me iba nada bien. Mi sueño de estudiar fuera del país se fue desmoronando con cada voz —no de alguien en particular, pero sí de todos en general— que me repetía que con mi promedio no me iban a aceptar en ningún lado. Y lo peor es que me lo creí. Entonces apliqué a todas las universidades en México… y no fui aceptada en ninguna.

En ese entonces, las cartas de aceptación o rechazo llegaban por correo físico, no por mail. Recuerdo perfecto ese día: estaba en el Americano, en la mañana, con todas las cartas de rechazo en la mano. Fue uno de los momentos de mayor vergüenza en mi vida.

Para entrar al ITAM, la IBERO o la Anáhuac, necesitabas cierto puntaje en el examen de ingreso, dependiendo de tu promedio. Y si tu promedio era bajo, como el mío, necesitabas prácticamente un examen perfecto… cosa que, evidentemente, no logré.

Y de aplicar a una universidad extranjera, ni hablamos. Ese sueño se deshizo rápidamente.

Hoy, como mamá, reflexiono sobre eso. Ojalá mis hijos, cuando lean estas páginas, entiendan que mi misión con ellos será acompañarlos a conocerse a sí mismos. No a fomentar la flojera o a dar por sentado que tienen un techo o comida garantizada, porque su mamá y yo —o su papá y yo, en el caso de Pía— trabajamos para que nunca les falte nada. Pero tampoco quiero exigirles que encajen en un molde. La escuela no lo es todo. Hay muchas habilidades vitales que no se enseñan en un aula.

Cada vez que voy al Americano en el "Career Day", cuando hablo con los alumnos de sexto de prepa, siempre les digo: "Las calificaciones no los definen." Porque conozco gente que fue excelente en la escuela y hoy está estancada en oficinas que odia. Y también conozco a personas que no fueron brillantes académicamente, y hoy son exitosas en muchas áreas. Por eso mi misión como madre es acompañar a mis hijos en su proceso, ayudarlos a descubrir su pasión, como me hubiera gustado que alguien hiciera eso conmigo.

Quizá si alguien me hubiera acompañado así, me habría ido a la mejor universidad de Estados Unidos —definitivamente no tenía el promedio para Harvard o Yale—, pero tal vez sí habría encontrado un lugar donde encajar, donde abrazar mi identidad sin miedo. Tal vez habría salido antes del clóset. Tal vez el proceso habría sido menos doloroso.

Y es importante decirlo: no es que mis papás no me apoyaran, simplemente era otra época. En esos años, sacar buenas calificaciones era sinónimo de respeto en casa, una forma de honrar el esfuerzo de mis padres al pagar una escuela de primer nivel. Mi única responsabilidad era estudiar. Nada más.

Hablo de los años 2000 a 2006, un momento clave en la vida de cualquier joven. Pero en ese entonces no teníamos acceso a los discursos educativos y de salud mental que hoy existen. Lo que escribo aquí no es un reclamo hacia mis papás, sino una expresión de cómo me sentía: con vergüenza, con culpa, con la sensación de que les había fallado.

Recuerdo cuando tuve esas cartas de rechazo en las manos. Fue devastador. Mis papás nunca se enteraron de que ninguna universidad me aceptó. Lo que hice fue ir directamente al ITAM, plantarme afuera de la oficina del rector y rogarle que me dejara entrar. Estuve ahí horas, hasta que me recibió. Lo convencí. Me aceptaron a estudiar Derecho, no por mérito académico, sino por persistencia.

Hoy entiendo que si no pasas el examen del ITAM, probablemente no tienes las herramientas para sostenerte ahí. Y eso me quedó claro apenas entré. Fueron meses de terror. Cargar con la idea de que si saliste del Americano, lo mínimo que debes hacer es terminar el ITAM, fue una losa muy pesada.

A los dos semestres, colapsé. Engordé quince kilos. Me dio dermatitis en los brazos. Estaba completamente quemada. Mi mamá me pidió que me saliera de la carrera. Ella entendió, antes que yo, que lo estaba pasando muy mal.

Y es que no solo estaba en el ITAM, también trabajaba en la agencia de negociación de secuestros de Carstens Institute. Era un caos. Vivía con el estrés de los exámenes de Economía, Humanidades, y al mismo tiempo negociaba secuestros en un México lleno de violencia. El trabajo era mi vida entera. No tenía casi vida social. Mis únicos amigos cercanos eran Miguel, Alejandro, Melissa y Mariano, con quienes salía una vez a la semana. Nada más.

Pese a todas las dudas, el estrés y las crisis emocionales, hoy sé que seguir este camino fue lo correcto. Porque Reinserta —mi proyecto, mi lucha, mi vida— nació de todo ese caos, de todos esos fracasos, del fuego por dentro que nunca se apagó.

Y aunque esos años fueron oscuros, algo me sostuvo: mi amor por la criminología. Tan fuerte era, que en la prepa, con mis amigas, enterramos una cápsula del tiempo. La abrimos diez años después. Una de las preguntas era: "¿Cómo te ves en diez años?"

Y yo escribí: "Voy a tener una fundación que ayude a mujeres maltratadas y voy a trabajar para la AFI."

Hoy, ver eso me llena de ternura. Esa niña de 17 años ya sabía qué quería. Me conmueve. Porque muchos llegan a la universidad sin saber qué estudiar. Y está bien. Pero yo veía a Jodie Foster en *El silencio de los inocentes* y pensaba: "Quiero ser ella. Quiero entrar a las cárceles de máxima seguridad. Quiero entender el mal. Quiero trabajar en seguridad."

> Lo que hoy es Reinserta y *Penitencia* nacen de ahí: de querer ver más allá de la violencia, de entender qué hay detrás del crimen, de reconstruir el tejido social desde sus raíces; surgen de aquel proyecto de mi adolescencia que llamamos La Gran Batalla, con el fin de ayudar y comprender lo que lastima. Saber qué llevó a esas personas a ese lugar, cómo fue su vida, qué momentos de quiebre tuvieron; tratar de comprender para buscar la forma de evitar el daño.

Mi primera oportunidad formal en el ámbito de la seguridad fue cuando Renato Sales Heredia me dio acceso a la Policía Federal, en la Coordinación Nacional Antisecuestro. Mi trabajo consistía en visitar penales de todo el país y asegurarme de que los secuestradores estuvieran correctamente segregados.

Corría el año 2008, en pleno auge del secuestro en México. La preocupación por este delito era altísima. Era una época marcada por la presencia de Genaro García Luna, quien había construido toda una narrativa de "seguridad" a través de los medios, con detenciones televisadas —algunas reales, otras completamente fabricadas—, y con una estrategia que priorizaba la percepción sobre la justicia.

Fue entonces cuando propuse una idea que, hasta el día de hoy, sigue siendo una obsesión para mí: crear el perfil del secuestrador mexicano.

Mi convicción era clara: si entendíamos quiénes eran estas personas, cómo pensaban, qué historia de vida tenían, podíamos prevenir el delito antes de que ocurriera. No se trata de justificar, sino de comprender para anticiparnos.

La gran mayoría de los secuestradores tiene antecedentes penales. Muchos comenzaron con delitos menores y, tras entrar a prisión, se conectaron con redes delictivas más complejas. La cárcel, en México, se convierte muchas veces en una universidad del crimen.

Recuerdo el caso de Daniel Arizmendi. Entró a prisión en los 90 por robo de autopartes. Ahí conoció a los contactos que, tiempo después, formarían con él una de las bandas de secuestradores más temidas del país.

Ese patrón se repite una y otra vez. Y me lleva a plantear dos ideas fundamentales:

1. Las cárceles deben funcionar con inteligencia. El sistema penitenciario tiene que ser una herramienta real de prevención del delito, no un espacio de reproducción criminal.

2. Algo estamos haciendo muy mal si, bajo el pretexto de "reinserción", estamos fortaleciendo el crimen.

El problema es estructural. El autogobierno dentro de las prisiones no es una casualidad; es el resultado de la colusión entre autoridades y la delincuencia organizada, y lamentablemente el conflicto ha crecido tanto y a tal grado que es muy difícil ahora combatirlo. El Estado ha perdido el control sobre sus propias cárceles, y lo peor es que muchos de sus funcionarios se benefician de esa pérdida de control.

Cualquier estrategia de reinserción real debe comenzar por ahí: recuperar la gobernabilidad penitenciaria.

Pero para hacerlo, las autoridades deben estar dispuestas a pagar el costo político y de seguridad que esto conlleva. Porque sí, quitarle el control de los penales al crimen organizado no es una tarea fácil ni limpia. Se tocan intereses profundos, estructuras delictivas enquistadas, complicidades que llevan décadas operando.

Después de eso, el segundo paso es dignificar el sistema penitenciario:

- Invertir en la capacitación del personal de custodia.
- Mejorar la infraestructura carcelaria.
- Fortalecer los programas de atención psicosocial para personas privadas de la libertad y sus familias.
- Eliminar la corrupción y profesionalizar al sistema penitenciario como parte esencial de la estrategia de seguridad nacional.

Porque el bienestar de las personas privadas de la libertad está directamente conectado con el bienestar de sus familias, de sus comunidades y, por ende, de todo el país.

Un ejemplo claro es el caso de Chihuahua: se aplicaron cambios profundos en los penales durante el gobierno de Duarte, pero al llegar Corral, se revirtió todo. Se devolvió el control a los autogobiernos. Eso demuestra que, sin continuidad institucional, ningún cambio es sostenible.

Yo le insistí a Renato una y otra vez: "Hay que entender quiénes son estas personas. Hay que graficar sus historias. Saber dónde empezó todo."

El secuestro, como el delito de trata, no aparece de la nada. Nadie se levanta un día diciendo "voy a ser secuestrador". Son procesos. Historias. Infancias marcadas por el abandono, la violencia, la pobreza extrema, la narcocultura.

> Por eso siempre he criticado la estrategia reactiva en materia de seguridad que tenemos en México. Siempre llegamos tarde. Siempre actuamos después de que hay víctimas. Y muchas veces ni siquiera actuamos.

Veo las noticias y me encuentro titulares como: "Desmantelan banda de secuestradores", "Detienen a extorsionadores del cártel tal"... pero eso no resuelve el trasfondo. ¿Qué pasó con las víctimas?, ¿qué pasó con las estructuras que permitieron ese delito?

Y si lo llevamos a temas aún más complejos, como la trata de personas, es todavía más brutal. Capturar a una red de tratantes no repara el daño de las mujeres que estuvieron años esclavizadas sexualmente. No devuelve lo perdido.

Como criminóloga, me enfronto todos los días con un sistema que parece diseñado para castigar, no para transformar. Me toca cuestionar todo lo que me enseñaron sobre política criminal y preguntarme: ¿Qué es lo que realmente queremos como sociedad?

Porque quienes cometen delitos no nacen sin empatía. Se formaron sin empatía.

Crecieron en entornos donde sobrevivir era más urgente que sentir. Donde el dolor era cotidiano. Donde el machismo, la violencia, la indiferencia eran parte del aire que respiraban.

Hay algo que tengo muy claro: no podemos seguir construyendo justicia desde la venganza.

Y eso es exactamente lo que hacemos en México.

> La ausencia de Estado de Derecho ha generado una cultura donde el castigo se confunde con justicia, y la justicia con venganza. Por eso aplaudimos condenas elevadas, prisión preventiva, linchamientos sociales, y cualquier acto que suene a "mano dura". Porque nos da una falsa sensación de orden. Pero en el fondo, es solo rabia canalizada.

Y entiendo de dónde viene esa rabia.

Trabajo con familias rotas, madres enterrando a sus hijos, mujeres que han perdido a sus hermanas, niñas abusadas por quienes debieron protegerlas. Hay tanto dolor que es casi imposible no exigir venganza. Pero no podemos construir un México más justo desde el enojo.

Desde Reinserta lo que buscamos es justo eso: romper ese ciclo.

> Proponemos un enfoque que no se limite al castigo, sino que reconozca el daño, trabaje en la reparación y fortalezca las condiciones para que no se repita. Es la base de la justicia restaurativa, y también el corazón de nuestra lucha: prevenir desde las infancias, trabajar con mujeres, atender la salud mental, y sobre todo, fortalecer la empatía.

Y sí, todavía hay muchas personas que no están listas para entender este modelo. Hay quien necesita ver tras las rejas a alguien para sentir alivio. Hay quien todavía cree que una celda cerrada equivale a un caso resuelto.

Pero no es así. Lo vemos todos los días: cárceles llenas, comunidades rotas, delincuencia viva.

El gran reto en México no es solo meter más personas a prisión, sino construir un país donde menos personas tengan que delinquir para sobrevivir.

Y eso empieza con una transformación consciente desde las infancias.

He conocido infinidad de casos donde un niño crece en un ambiente tan violento que lo obliga a desarrollar una tolerancia extrema al dolor, al abuso, a la injusticia. Su empatía se apaga porque no es funcional para sobrevivir. Su identidad se moldea desde la desconfianza y el miedo. ¿Cómo esperamos que alguien así, veinte años después, pueda convivir sanamente en sociedad?

Por eso el enfoque tiene que cambiar:

- De castigar, a prevenir.
- De venganza, a reparación.

- De cárceles, a comunidad.
- De impunidad, a responsabilidad compartida.

Y estos puntos deben ser la base para reflexionar cómo podemos hacer distinta la impartición de justicia, insisto, justicia, no venganza.

Y sé que no es fácil. Lo veo incluso en el odio que recibo en redes sociales. Pero no me pesa. No puedo —ni quiero— ser parte de un discurso de odio. No empata con mis valores. Y sí, a veces es difícil. Porque hay discursos como el de Bukele, que se vuelven populares justamente porque le hablan a esa rabia colectiva, a ese deseo de castigo. Y muchos lo aplauden. Pero yo no puedo ir por ese camino. No quiero una paz construida desde el miedo.

Mucha gente me pregunta qué pienso del proceso de paz en Colombia, y lo digo con honestidad: no hay paz que pueda devolver a los muertos.

Pero sí hay decisiones que pueden evitar más muertes. Y de eso se trata.

Hoy vivimos en un México muy distinto al que conocieron nuestros padres o abuelos.

Ellos crecieron con la idea de que podían caminar por la calle sin miedo. Que un homicidio era una excepción. Que los secuestros eran noticias aisladas. Para las nuevas generaciones, eso ya no es realidad. Hoy, la violencia es cotidiana. Y ese contraste genera una enorme frustración en los adultos, pero también una enorme oportunidad de cambio en los jóvenes.

Porque los jóvenes tienen algo que antes no teníamos: acceso a muchísima información, tecnología, redes de solidaridad global.

Ahora sabemos cómo han enfrentado otros países sus crisis de seguridad. Podemos conocer modelos exitosos, entender políticas públicas que funcionaron y adaptarlas. Podemos hablar entre generaciones y construir puentes, no solo muros.

Y ahí es donde veo esperanza.

Lo comentaba en una columna: "Seguir combatiendo al narco con las mismas herramientas no nos va a llevar a donde queremos."

México se está topando con la pared. Llevamos años repitiendo fórmulas fallidas, estrategias punitivas, discursos de "guerra" que solo han dejado más sangre, más miedo, más impunidad.

Y no vamos a salir de este ciclo si no hacemos algo distinto. La única salida está en la educación temprana, en el fortalecimiento comunitario, en el trabajo desde las emociones, la salud mental, la empatía. Aquí te comparto mi columna completa:

> Ya no se trata solamente de encerrar gente. Se trata de mirar a los niños que hoy están siendo reclutados por el narco, crecer en contextos donde se celebra la narcocultura, donde ser sicario es una aspiración. Se trata de mirar a las madres que están enterrando a sus hijos, a las familias que viven con el dolor cotidiano, y ofrecerles algo distinto.
>
> No podemos seguir tratando de curar heridas con castigo.
>
> Tenemos que sanar desde la raíz.
>
> Y ésa es la apuesta de Reinserta.

La fundación nació justo desde ese deseo profundo de cambiar las cosas desde la raíz.

No como un proyecto burocrático ni como una estrategia política, sino como un acto de resistencia emocional, como un compromiso con ese México que duele, pero que también puede sanar.

Desde que comenzamos Reinserta —con todo en contra, con miedo, con incertidumbre—, entendí que el camino que había soñado desde adolescente empezaba a hacerse realidad. No porque tuviera todas las respuestas, sino porque tenía algo más importante: la convicción de hacer algo distinto.

Reinserta me cambió la vida. Y me confirmó algo que ya intuía desde hace años: no nací para trabajar en el gobierno.

No me veo ocupando un cargo burocrático.

Claro que reconozco el poder que da tener una posición política: hay dinero, hay influencia, se pueden lograr muchas cosas buenas desde ahí. Pero mi trinchera está en otro lado.

Mi lugar está en la calle, en los penales, en los centros de tratamiento, en las coladeras, en los salones donde hablamos con niñas y niños sobre abuso, violencia, sueños, justicia, verdad.

Desde pequeña supe que esto me apasionaba.

Cuando vi la película *El silencio de los inocentes*, soñaba con ser Jodie Foster. Quería entrar a prisiones de máxima seguridad, mirar de frente a lo que otros temen, hacer preguntas incómodas.

Y lo que me conmueve hoy es saber que esa niña no estaba tan perdida. Porque de alguna manera lo estoy haciendo.

No soy Clarice Starling, pero sí tengo una fundación. Y sí estoy en contacto con personas privadas de la libertad. Y sí trabajo todos los días para entender la violencia no desde el juicio, sino desde la curiosidad, la empatía y la ciencia.

Mi primer acercamiento al perfilamiento criminal fue cuando, trabajando en la Coordinación Nacional Antisecuestro, empecé a construir el perfil del secuestrador mexicano. Visitaba penales, hablaba con PPL´s [Personas privadas de la libertad], analizaba historias.

Y me obsesioné con una idea: "Si entendemos quién es el secuestrador, podemos prevenir que exista otro."

La mayoría de ellos no eran psicópatas. Eran hombres que, desde pequeños, vivieron violencia, abandono, pobreza extrema. Hombres sin modelos sanos, criados por la calle, entrenados en el silencio, endurecidos por el hambre, por el machismo, por la cultura de la fuerza.

Y claro, muchos tenían antecedentes penales. Entraban por delitos menores y, en prisión, encontraban el "networking criminal" para escalar. Las cárceles no los reinsertaban. Los perfeccionaban.

De ahí surge una pregunta que todavía hoy me hago: ¿Cómo se construye un secuestrador?

¿Qué pasa en la infancia, en la familia, en la escuela, en la comunidad, que permite que alguien se convierta en eso?

Ése es el trabajo que más me mueve: Prevenir antes que castigar.

En México, reaccionamos siempre tarde. Siempre después de que hubo víctimas. A veces ni siquiera reaccionamos.

> Y cuando lo hacemos, nos sentimos satisfechos con atrapar a los criminales, como si eso reparara algo. Pero ya hubo víctimas. Ya hubo daños. Ya llegamos tarde.
>
> Si de verdad queremos construir paz, necesitamos una nueva lógica. Una lógica que piense a largo plazo, que apueste por la prevención desde las infancias, que invierta en justicia restaurativa, en salud mental, en modelos educativos que fortalezcan la empatía, el pensamiento crítico, la resiliencia emocional.

Cierro este capítulo volviendo a esa imagen de mí, adolescente, con las cartas de rechazo en la mano, pensando que no iba a llegar a ningún lado.

Y la abrazo.

La abrazo con todo lo que sé hoy. Porque no lo entendía en ese momento, pero cada fracaso, cada "no", cada frustración me empujó a construirme diferente. Me formó. Me empujó hacia donde estoy.

Hoy puedo decirlo sin miedo: las calificaciones no definen quién eres.

El éxito no está en un papel, ni en un promedio, ni en un título colgado en la pared.

El éxito está en hacer algo que ames, que esté alineado con tus valores, que te mueva el alma.

Y sobre todo, en entender que todo —absolutamente todo— tiene sentido cuando se transforma en algo que sirva a los demás.

2.
ENTRAR AL LUGAR MÁS OSCURO DEL MUNDO

Lo tengo muy claro y cada día lo confirmo: no vine a acomodarme a este mundo, vine a cuestionarlo y a reconstruirlo con dignidad.

Tenía 18 años cuando conseguí mi primer trabajo en una agencia de seguridad, en el área de negociación de secuestros. Fue una experiencia intensa. A esa edad no tenía la claridad que tengo ahora, a mis 36, sobre cómo funciona el fenómeno del secuestro. Ni siquiera sabía que el perfilamiento criminal se convertiría en una de mis grandes pasiones.

Todo comenzó cuando un tío fue secuestrado. Sirvió de mucho, para ese horrible suceso, el hecho de que él contaba con un seguro antisecuestro, lo que activó la intervención de una agencia especializada. Su equipo llegó a ayudarnos con las negociaciones.

Negociar un secuestro es un arte oscuro. La agencia entrenaba al familiar que tendría contacto con los secuestradores. Es durísimo, porque casi siempre se trata de una madre, un padre, una esposa o un hijo. Personas emocionalmente devastadas que deben enfrentar una situación de crisis total. Me tocó un caso en el que le dijeron a un padre que violarían a su hija de 7 años. Una cosa brutal. Y aun así, ese padre tenía que conservar la calma. No podía quebrarse. Porque lo que estaba en juego era la vida de su hija.

Recuerdo un domingo, dos semanas después del secuestro de mi tío. Estábamos comiendo con mis primos, y noté que los secuestradores no llamaban ese día. Caí en cuenta de que quizás tampoco trabajaban los domingos. Y entonces me golpeó una verdad inquietante: los secuestradores son personas. Como tú, como yo. Tienen familia, hijos, planes. No son monstruos mitológicos. Tienen dos brazos, dos piernas, ojos, manos. Son humanos.

Y ese pensamiento me marcó. Porque humanizar lo inhumano es el primer paso para entender de dónde viene la violencia.

Ahí decidí qué quería hacer. Yo necesitaba entender qué hay detrás de una persona que secuestra, que viola, que mata. ¿Qué los mueve? ¿Qué los asusta? ¿Qué los lleva a despojar a otro ser humano de su libertad y su dignidad? ¿Qué estamos haciendo mal como sociedad?

Desde siempre fui aguerrida. Así que cuando me dijeron que no podía trabajar en esa agencia, lo tomé como un reto personal.

—Éste no es trabajo para una niña. No es para tu género. Es muy fuerte. Esto es para hombres —me dijeron.

Y yo me quedé pensando: ¿Qué significa eso de "mi género"? Hoy agradezco no haberlo entendido.

Decidí hacerlo. A pesar del machismo. A pesar de que el mundo de la criminología y los sistemas penitenciarios parecía exclusivo para hombres. Desde la carrera de Derecho ya sentía esa discriminación. A las mujeres nos veían como "adornos" en los juzgados y ministerios públicos, no por nuestra preparación. Pero yo no iba a aceptar eso.

Fui contratada por The Carstens Institute. Me pusieron a prueba de inmediato. Escuchar audios de secuestros, graficar patrones, estudiar casos... emocionalmente era devastador. Luego supe que fue idea de mi papá: no quería que me dedicara a esto. Pero esa decisión era mía.

> Hoy mi papá y mi mamá no solo me apoyan muchísimo, son mis principales aliados. Su impulso, para mí, no solo es un sostén, sino una gran motivación.

En aquel 2006, las grabaciones de negociación todavía estaban en CDs y floppy disks. Mi tarea era convertir todo a MP3 y analizar los patrones. Escuché 162 grabaciones. Documenté silencios, lenguaje soez, amenazas de mutilación, pruebas de vida. Todo.

No dormía. Las voces distorsionadas me perseguían. Y, aun con todo el terror del mundo, lo hice. No le dije a nadie cuánto miedo tenía. Me lo tragué. Terminé los audios. Y me contrataron oficialmente. Ahí empezó mi carrera.

> Los obstáculos no se analizan ni se temen: se superan. Cuando los miras hacia atrás, son gasolina para seguir con decisión hacia adelante.

Cada negociación era única. Aprendí que, aunque cada caso es devastador, hay patrones. Hay un modus operandi. Y cuando comprendes eso, puedes transmitirle a la familia algo que escasea en ese contexto: certeza.

También entendí que en todo secuestro hay dos cautiverios: el de la víctima. Y el de la familia, secuestrada por el teléfono, la incertidumbre y el miedo creciente.

Creamos el *war room* en casa de las víctimas. Un espacio donde se toman decisiones difíciles: cuánto pagar, qué propiedades vender, quién negociará. Todo se hace en colectivo, para evitar culpables si algo sale mal. Porque sí, el secuestro rompe familias.

Y también aprendí que el perfil del secuestrador es tan complejo como perturbador. En 99% de los casos donde amenazan con mutilar o matar, no lo hacen. Lo dicen para quebrarte. Pero hay casos donde sí lo hacen. Y es ahí donde la sangre se hiela.

Los secuestradores juegan con la mente de una manera muy cruel, a través del tiempo me di cuenta que, en los pocos casos en los que el secuestrador finge ser más empático, la víctima tiende a no regresar viva.

Recuerdo un caso en específico, donde el secuestrador era muy tranquilo, hasta amable, hablaba con la esposa de la víctima, que era quien negociaba:

—¿Cómo está señora? Usted tranquila, yo sé que su esposo está enfermo del azúcar, ya le dimos su medicina, le prometo que pronto vamos a acabar con esto, cuando le permitamos hablar con él, dígale a su esposo que esté tranquilo también, no se anden estresando, todo va a estar bien.

Fue muy fuerte porque de pronto la policía nos llamó y nos dijo que estaban investigando casos de cadáveres relacionados con una banda de secuestradores que siempre mataban a sus víctimas, y que muy probablemente nuestra víctima estaba, en ese momento, con ellos, fue brutal.

Tuvimos que cambiar toda nuestra estrategia para ganar tiempo y recuperar a nuestra víctima, se volvió una carrera contra el tiempo en la que utilizamos la religión para conmover al secuestrador; notamos, a través de las conversaciones que teníamos con él, que era devoto a San Judas Tadeo y a la Virgen María, porque cada que los mencionábamos, él se enojaba.

La esposa de la víctima le decía:

—Júrame por San Juditas y por la Virgen que no le va a hacer nada a mi esposo, por favor júramelo!

—¡No me diga eso! ¡A ellos no los meta! y colgaba el teléfono.

El cambio en su actitud era evidente, de estar muy pacífico y amable, sacaba groserías e insultos, gritaba, se ponía muy mal. Entonces, mandamos a comprar unas estampitas religiosas de San Judas Tadeo y de la Virgen María, y el dinero del rescate lo cubrimos con estas estampas. Fue una de las primeras víctimas que regresaron con vida de esta banda de secuestradores.

Con los años, estudié Derecho, después Psicología, y trabajé en más casos. Insistía en estar del lado de la negociación, no solo como contención emocional. Mi primer caso sola lo negocié porque mi jefe estaba de viaje. Lo hice. Lo llevé hasta el final. El hijo secuestrado regresó vivo. Fue entonces que supe: éste era mi camino.

Cuando entrevisté a Daniel Arizmendi, el "Mochaorejas", sentí que se cerraba un ciclo. Había trabajado años para llegar a ese momento. Sabía todo de él. Había entrevistado a su hermano, leído su historia mil veces. Y aun así, no dormí la noche anterior.

Presentó su monólogo *La última Coca-Cola*. Una obra sobre su infancia en la pobreza. No justifico sus crímenes, pero entendí que incluso el peor psicópata tiene un origen. Y que entenderlo no significa perdonarlo, sino evitar que otro siga ese mismo camino.

Después me dijo:

—Licenciada, platiquemos.

Y así comenzó una de las entrevistas más importantes de mi vida.

He entrevistado a muchos secuestradores: César Freyre, Noé Hernández… he visto la cara de quienes cometieron atrocidades. A veces, esas entrevistas me drenaban. Dormí casi 24 horas seguidas después de una de ellas. Pero tenía claro por qué lo hacía.

Porque entender el delito es el primer paso para evitar que se repita.

Trabajar con la Policía Federal, analizar 900 perfiles de secuestradores, estudiar patrones… todo me preparó para lo que hoy hago con Reinserta y *Penitencia*: prevenir desde la raíz.

> En México, entender el secuestro no puede limitarse a perseguir a quienes ya cometieron el delito; implica mirar hacia atrás y reconocer las condiciones que lo gestan. En Reinserta descubrimos que nueve de cada diez personas en prisión tuvieron contacto con la violencia o el crimen antes de los seis años, una cifra que no solo es alarmante, sino reveladora. Nos muestra que la ruptura del tejido social no ocurre de la noche a la mañana: se va

construyendo desde la infancia. Y si no somos capaces de ver esto, de entender el origen de esa fractura, difícilmente vamos a reparar el daño. No se trata de justificar el delito, sino de intervenir a tiempo, de generar entornos que rompan con el patrón de violencia heredada. Porque solo comprendiendo el "por qué" de las acciones violentas, podremos prevenir su repetición.

Trabajar en la Policía Federal y tener la oportunidad de revisar este perfil de secuestradores a nivel nacional me abrió los ojos a lo que después se volvió mi carrera profesional, que es el entendimiento absoluto del delito para evitar la ruptura del tejido social.

Todo lo que hago es contar historias que tienen que ver con entender más allá, y es curioso, porque la gente que me critica dice: "Está mal que le demos voz a los delincuentes", cuando estoy convencida que entender las historias nos va a llevar a la no repetición de los hechos, y no nada más a difundir las historias para analizar el contexto psicosocial.

Si no conocemos las historias, no podemos evitarlas, no podemos no repetirlas.

3.
CUANDO LA CÁRCEL SE VOLVIÓ UNA ESCUELA

"Hasta que la dignidad se haga costumbre."
Consigna popular de lucha social en América Latina

Cuando Mercedes, mi socia y amiga, y yo comenzamos a construir Reinserta, jamás imaginamos que terminaríamos trabajando con niños, niñas y adolescentes en contextos de violencia. La primera misión de Reinserta era impactar en el sistema penitenciario para después incidir en la seguridad del país. Nuestra meta inicial era combatir los autogobiernos y apoyar a las cárceles para que funcionaran correctamente. Nunca pensamos, al menos en un inicio, que el verdadero eje de transformación estaría en la infancia: en ese punto de origen donde algo falló en la vida de las personas en prisión.

Quiero contarles cómo nació este proyecto maravilloso que es Reinserta, y los casos que nos obligaron a innovar hasta convertirnos en lo que hoy somos. Ha sido un camino con muchos retos, pero del cual nos sentimos profundamente orgullosas.

Recuerdo perfectamente la primera vez que entré a Santa Martha Acatitla. Yo había sido muy cautelosa con las autoridades, buscando quedar bien para que nos permitieran el acceso sin problemas. Ese primer día me aseguré de que no fuera día de visitas y que todo estuviera en calma. Estaba con la directora en su oficina cuando, de pronto, entraron corriendo un montón de niños, riendo y gritando. Le dije: "Una disculpa, no sabía que hoy era día de visita." La directora me miró como si no pudiera creer lo que acababa de decir. Esa mirada me lo dijo todo: por mi edad, por mi color de piel, por lo que fuera, claramente pensaba: "Esta niña fresa no tiene ni idea de lo que está viendo."

Y entonces me contestó: "¿Cuál visita? Esos niños viven aquí." Me quedé en *shock*. Nunca había pensado que, cuando detenían a una mujer, tal vez estaba embarazada o ya era madre. Nunca me había preguntado qué pasaba con los hijos e hijas de las personas en prisión. ¿Quién los cuida? ¿Dónde están?

Es impresionante cómo funciona la mente cuando ves las noticias. Ves que arrestan a una banda de ladrones y jamás te preguntas por el contexto social en el que viven. Mucho menos te preguntas por sus hijos.

> Lo verdaderamente importante es no emitir un juicio desde la primera impresión. Tenemos que aprender a ver más allá del delito. No llamar a alguien "delincuente" de manera automática, sino entender que tal vez cometió un delito, sí, pero también tiene una historia. La vida no es blanco y negro, y cuando juzgamos sin con-

texto, dejamos de lado lo más importante: la humanidad de las personas.

La conversación a partir de ahí nos llevó a lugares increíbles, aunque incómodos, pero necesarios. A lo largo del camino, nos enfrentamos muchas veces con afirmaciones del tipo: "Las mujeres en prisión no deberían tener hijos." Tal vez, en algunos casos, desde una óptica simplista, se puede pensar así. Pero lo verdaderamente importante es recordar que los niños y niñas sí tienen derecho a estar con sus madres, que tienen derecho al apego, al cuidado, al afecto. Desde afuera, tal vez vemos a esas mujeres únicamente como personas que cometieron un delito, pero para sus hijos son todo. Y ese vínculo afectivo en la primera infancia es crucial para su desarrollo emocional y psicológico.

Desde entonces, muchas directrices, muchos cuestionamientos y puntos de debate han surgido. Y se agradecen. Porque siempre que sigamos teniendo estas conversaciones —aunque incómodas— vamos a seguir creando mejores condiciones para aquellos menores que viven dentro de las cárceles del país.

Una historia que ilustra esto a la perfección ocurrió en Chile. Una mujer privada de su libertad recibió la noticia de que su hijo, de apenas siete años, tenía leucemia en fase terminal. Le dieron tres meses de vida. Ella escribió una carta al director del penal suplicando que la dejaran ir al hospital para despedirse de su hijo. La respuesta fue brutal: el director, ofendido, prácticamente le dijo: "¿Cómo te atreves? ¿Cómo vamos a poner en riesgo al Estado permitiendo que una asesina salga de la cárcel para ver a su hijo?" No hubo permiso.

El niño murió.

Pero la historia no terminó ahí. Ella, después, escribió una carta a la ONU. Decía: "Si bien yo no tenía derecho a despedirme de mi hijo por los crímenes que cometí, él sí tenía derecho de estar junto a su madre al momento de morir."

Ese caso me marcó profundamente. Porque resume con total crudeza la perspectiva desde la cual tenemos que abordar la maternidad en prisión: desde el derecho del menor, no desde la condena de la madre. No podemos castigar al niño o niña por el delito cometido por su madre.

Hoy en día, estamos trazando un camino que todavía tiene muchos pasos por recorrer. Hay muchas prisiones que aún no hemos visitado, muchas voces que no han sido escuchadas, y sobre todo, muchas infancias que necesitan protección. Pero seguimos trabajando. Y no vamos a parar.

A lo largo de mi carrera, he sido cuestionada y criticada por los temas que he puesto sobre la mesa y por las personas a las que he dado voz a través de los micrófonos que represento. Algunas veces, me han dicho que no debí entrevistar a ciertos perfiles o visibilizar historias tan dolorosas. Pero siempre he sido una fiel creyente de que lo peor que podemos hacer como sociedad es callar. Porque si callamos, olvidamos. Y si olvidamos, no nos damos la oportunidad de reparar. Las historias —por más incómodas que sean— deben contarse, deben escribirse, deben quedar registradas para que podamos aprender de nuestros errores, en-

> tender nuestra complejidad como sociedad y avanzar hacia un México más justo.

Necesitamos una conversación abierta, respetuosa, constante. Solo así podemos construir una sociedad verdaderamente en paz.

Pero no todo ha sido oscuridad. También hay momentos de luz. Trabajar en Reinserta me ha permitido cruzarme con mujeres extraordinarias. Mujeres que han cometido errores, sí, pero que, dentro del encierro, han decidido romper los ciclos de violencia, reconstruirse como madres y aprender a ser mejores personas para sus hijas e hijos.

He sido testigo de procesos profundamente conmovedores. He visto a mujeres que nunca supieron lo que era el amor incondicional, y comenzaron a practicarlo en una celda, en medio de un sistema que muchas veces niega incluso lo más básico. Mujeres que antes gritaban o golpeaban como única forma de comunicación, hoy se detienen a escuchar, a consolar, a leer cuentos antes de dormir. Mujeres que han aprendido a jugar con sus hijos, a mirarlos con amor, a tocarlos con ternura y no con miedo.

Y también he visto algo que jamás olvidaré: la sonrisa de un niño que, por primera vez, se siente seguro. Aunque sea dentro de un penal. Porque en medio de todo lo que está mal, hay instantes de verdad que iluminan el alma. Momentos en los que una madre, en reclusión, logra construir con su hijo un vínculo más sano que el que muchos niños tienen allá afuera, en completa libertad. Eso dice mucho de lo que tenemos que cuestionar como sociedad.

Porque la cárcel, con todos sus horrores, también puede convertirse —si se lo permitimos— en un espacio de reparación. No por magia. No porque las condiciones lo faciliten. Sino porque cuando se abren oportunidades, cuando se brinda acompañamiento y se establece un marco legal que pone a la niñez en el centro, las posibilidades de transformación se multiplican.

Eso no significa justificar el delito ni romantizar el encierro. Significa comprender que las infancias no deben cargar con las culpas de sus madres, ni pagar las consecuencias de un sistema penitenciario que históricamente les ha ignorado. Significa entender que si no cuidamos el presente de estos niños y niñas, estamos hipotecando el futuro de todos.

En Reinserta decidimos, desde el primer día, mirar donde nadie quiere mirar. Ponerle nombre a lo que se quiere ocultar, rostro a lo invisible, voz a lo silenciado. Contar lo que incomoda, lo que duele, lo que avergüenza. Porque creemos firmemente que solo desde ahí es posible generar cambios reales.

No es fácil. No es cómodo. He sido criticada, señalada, desacreditada. Pero también he recibido cartas, abrazos, dibujos de niños, agradecimientos sinceros de mujeres que me dicen: "Gracias por vernos, por no darnos la espalda."

Y eso me basta.

Porque en medio de tanto dolor, de tantas historias que quisiéramos que no existieran, hay algo que permanece y que siempre vale la pena defender: la posibilidad de un nuevo comienzo.

> Lo que vivimos en Reinserta nos ha mostrado que poner orden en los penales tiene un impacto directo en

> la seguridad del Estado. Aunque no comulgue del todo con la estrategia punitiva de Bukele, es innegable que el control penitenciario redujo la violencia en El Salvador. México lo ha experimentado también, como en Chihuahua, Coahuila y Nuevo León, donde al tomar el control de los penales, los índices delictivos bajaron notablemente. Sin embargo, en muchas partes del país, los penales siguen siendo fichas de negociación política con el crimen organizado, y eso lo hemos vivido desde el primer día.

Otro caso que me quedó muy grabado es el de los gemelos en Santa Martha, el día que visité por primera vez la cárcel de Santa Martha noté la cantidad absurda de infancias viviendo en el penal sin ningún control, infancias invisibilizadas tanto por los directores como por el mismo gobierno, decidí que tenía que investigar y hacer algo al respecto.

Salí del penal y empecé a buscar todo sobre maternidad en prisión y me di cuenta que no había nada de información sobre los niños que nacían y vivían dentro de las cárceles en México.

Fue cuando Mercedes y yo nos pusimos a viajar por todo el país para conocer las cárceles femeniles y conocer cómo y en qué condiciones vivían las infancias.

Algo que notamos de inmediato es que no había un reglamento aplicable a los niños y a las niñas, las reglas las ponía el director o directora del penal de acuerdo al humor que tenía ese día.

En Oaxaca teníamos un niño de 7 años con parálisis cerebral que vivía adentro de una celda y, literal, solo lo levantaban para comer. Su mamá, una persona indígena, de escasos recursos, nos enseñó cientos de recetas que una doctora general le dio para su hijo y que nunca fueron atendidas por las autoridades del penal. Y esta doctora no era pediatra ni experta en el padecimiento del niño, no, era una doctora general que iba cada cierto tiempo a revisar a las internas y, de paso, revisaba al niño.

En Tijuana nos contaron las mamás PPL que a ellas se los quitaban al nacer, solo los dejaban tenerlo dos horas y para afuera.

En Acapulco había niños viviendo ahí, 10, 12 años, en un penal mixto, donde todos convivían con todos, era una pequeña ciudad, impresionante.

En Ciudad de México hasta hace algunos años salían a los 6 años; en el Estado de México a los 3 años.

Cuando tratamos de buscar más información acerca de quién regulaba esto, nos dimos cuenta que no había nada, ¡nada! Se me hizo un nudo en la garganta.

Un caso ejemplar, que dio pie a la creación de la única ley que existió en ese momento en México sobre la maternidad en prisión, fue una ocasión en la que visitamos el penal de Santa Martha y nos encontramos con un caos en toda la extensión de la palabra, las custodias estaban enojadísimas, la directora furiosa, las PPL en llamas, el ambiente era pesadísimo. Nos movimos entre todos preguntando qué había pasado, una PPL se me acercó y me dijo: "Es que X interna quemó a sus hijos", unos gemelitos que tenía de dos años.

Fui al área médica, donde estaban los niños llenos de quemaduras de cigarro, algo brutal, no pude contener las lágrimas.

El DIF ya los estaba canalizando para llevarlos al hospital. Entonces, no sé cómo, se me prendió el foco, seguí mi instinto, sin saber qué iba a suceder después, y me dije: "Ve a ver a la mamá."

Nadie entendía por qué quería ver a la mamá de los gemelos, la habían echado a una celda de castigo porque las otras internas la querían linchar. Subí a esa especie de torre donde están las celdas de castigo, una parte aislada del penal a la que se accede por unas escaleras de piedra, todo muy tétrico, la verdad.

Llegué con la mamá y la imagen que tengo de ella es muy específica, estaba hecha bolita, temblando en una esquina, sin ropa y muy golpeada. Tomé una cobija y se la di, ella no se me acercaba para nada, me encaró de una forma que nunca olvidaré, muy retadora.

Me senté con ella y me acuerdo que me costó mucho trabajo que ella quisiera platicar conmigo, pero cuando lo logré tuvimos una plática de 50 minutos donde hablamos de muchas cosas, pero, básicamente, le pregunté por qué había hecho eso con sus niños y recuerdo sus palabras: "Es que no dejaban de llorar."

Esta mujer vivía en una celda que era cerrada con llave a las 6:30 de la tarde, donde había otras seis mamás con hijos de todas las edades. Entonces, cuando sus gemelos lloraban, que era muy seguido, eso la metía en problemas con las demás reclusas porque despertaban a los demás niños y se hacía un relajo. Incluso me contó que ya la habían amenazado con golpearla si no controlaba el llanto de sus hijos, y lo que ella estaba haciendo era "educar" a sus bebés a no llorar.

Mercedes, mi socia, y yo, salimos ese día muy *shockeadas*, sabíamos que esa mujer había hecho las cosas mal y sí, merecía un castigo, pero también el sistema está mal, porque no hay nada que impida que esto vuelva a pasar. Porque, además, ninguna mamá puede sobrevivir con otras seis mamás en una celda que cierra a las 6:30 de la tarde y vuelve a abrir hasta las 6:30 de la mañana del otro día. Una que es mamá, que tiene libertad, de repente se despierta a las tres de la mañana por el llanto de su bebé y a veces no sabes ni qué hacer, entonces me imagino la desesperación de aquellas madres que están en las celdas.

Decidimos, Mercedes y yo, incentivar la creación de dormitorios especiales para maternidad, dormitorios donde no haya más de dos madres por celda, aunque lo ideal es que solo sea una, para que cada quien pueda llevar su maternidad de manera digna. Tiene que predominar la narrativa de ver por el bienestar de los niños y no el de las mujeres, de puntualizar cuál es el derecho del menor y cómo garantizarlo, porque en ese momento la ley estaba prevista como: "Es derecho de las mujeres estar cerca de sus hijos, el derecho reproductivo de las mujeres, el derecho de las mujeres sobre…" ¿Dónde quedan entonces los derechos de los niños?

Comenzamos a hacer una investigación exhaustiva, fue un reto, porque no había casi nada de información, incluso a nivel internacional, en Estados Unidos había ciertos programas que fueron intentos de crear dormitorios de maternidad para personas con determinado perfil, que no tuvieran ciertos delitos, etcétera; en Europa la cosa también era muy diversa, en Francia, por ejemplo, se los quitaban a los 10 meses porque se respetaba el periodo de la lactancia. Pero no había información unificada.

Decidimos entonces, desde Reinserta, trabajar toda la parte de la maternidad en prisión, viajamos, conocimos muchísimos casos terribles, una vez nos contaron que una mamá, reclusa, se colgó en su celda durante la madrugada, y no entraron a sacar el cuerpo sino hasta la mañana del día siguiente, ¡y estaban ahí todos los niños! Niños que no podían tocar el cadáver porque podían ser acusados de homicidio, en fin, una cosa inhumana.

También nos enfocamos en rediseñar las celdas, porque no es posible que las cierren por fuera y no contemplen emergencias como ésta. Hay muchas cosas para evaluar, porque otra cosa que vimos y que habría que cuestionarse fue: ¿Todos los niños están vacunados? ¿Qué vacunas tienen? Y esto depende si el Secretario de Salud en turno manda o no vacunas a los penales o si la mamá tiene la posibilidad de hablarle a su familia para que vayan por su hijo y lo lleven a vacunarse, pero si eres una mamá que está sola, sin familia, sin recursos económicos, ¿cómo vacunas a tus hijos? ¿Cómo les brindas un servicio de salud digna? Hablamos con las autoridades de algunos penales y, recuerdo en específico a una señora, directora, que me dijo: "Eso no es mi responsabilidad, mi responsabilidad es cuidar de las mujeres reclusas, no de los niños. Si las mamás no pueden ser mamás adentro, mejor que no lo sean."

En otra ocasión me llamaron para acompañar un cateo que se iba a realizar dentro de un penal, justo en uno de los dormitorios donde se encontraban varias de las mujeres que eran madres, con sus hijos.

Es importante mencionar que estos dormitorios estaban bajo el control de las autoridades; Reinserta únicamente entraba a dignificar los espacios y a impartir talleres para el desarrollo infantil y el bienestar emocional de los niños.

Llegamos ese día con un dispositivo importante de la policía penitenciaria. Yo no entendía qué sospechaban o qué información tenían sobre algunas de las mujeres. Pero ante lo delicado del operativo, le pedí a las autoridades que por favor nos permitieran entrar primero a sacar a los niños del dormitorio y llevarlos al centro de desarrollo integral que habíamos instalado adentro. Quería evitar que presenciaran un cateo, que aunque se intenta hacer con respeto y bajo protocolo, nunca se sabe cómo puede reaccionar una mujer que tiene algo que ocultar, sobre todo cuando está protegiendo a sus hijos.

Nos dieron el visto bueno y entró primero el equipo de Reinserta. En ese momento, una de las mamás, con su hijo en brazos, comenzó a gritarme desesperada:

—¡Saskia, ayúdame. Saskia, ayúdame!

Me acerqué sin comprender muy bien qué sucedía. De pronto, me acorraló hacia el baño de la celda. En ese instante, las autoridades se dieron cuenta de que algo estaba pasando y comenzaron a acercarse, pero les pedí que esperaran. Entramos al baño, ella bajó a su hijo y comenzó a meter droga dentro de mi ropa: en los pantalones, en la sudadera, en todos los espacios posibles. Me metía bolsitas de cocaína, de piedra… no supe cuántas eran, pero eran por lo menos 400 bolsitas de diferente tipo de droga.

Yo estaba completamente incrédula de lo que estaba ocurriendo. Ella lloraba, me suplicaba, me decía:

—¡Me van a quitar a mi hijo, por favor, ayúdame!

Intenté razonar con ella:

—Tienes que entregarte. Hay que hacer las cosas bien.

—Saskia, por favor, me lo van a quitar…

Fue entonces cuando levanté las manos y le dije:

—Te voy a ayudar. Pero tienes que parar. Lo vamos a hacer bien.

Salí con las manos arriba y me dirigí al comandante:

—Jaime, la mujer está dispuesta a colaborar, pero me acaba de llenar de algo la ropa. Necesito que me cateen.

Él se negó en un principio:

—No, no te voy a catear.

—Sí, sí me vas a catear —le insistí— porque quiero que las cosas se hagan bien.

Una custodia se acercó y comenzó a sacarme toda la droga que esta mujer me había metido en la ropa. Reitero, eran cientos de bolsitas, y fue una escena surreal, como si estuviera viviendo una película que jamás había imaginado protagonizar.

Después de eso, logramos sacar al niño para que jugara con los demás en el centro infantil. Pero cuando llegó el DIF para revisar al menor —como marca el protocolo en estos casos—, la situación se tornó desgarradora.

La evaluación reveló que el niño tenía golpes y presentaba señales de afectaciones derivadas del ambiente de consumo y venta de drogas. El DIF decidió llevárselo.

Ha sido una de las escenas más duras y tristes que he vivido en todos mis años con Reinserta. Ver cómo el DIF se llevaba al niño, escuchar los gritos de la madre desgarrada, los llantos del niño sin entender por qué lo estaban alejando de su mamá, fue brutal. Porque al final, estos niños no conocen la maldad. Simplemente existen en ella sin saber que no está bien.

Al día siguiente, una persona del equipo de la fundación renunció. Me dijo que emocionalmente no podía más después de lo que presenció. Y yo lo entendí.

Esa experiencia nos obligó a replantear muchas cosas. A reafirmar que no todas las mujeres tienen las herramientas necesarias para ser buenas madres. Pero eso no significa que no tengan el derecho a maternar. Significa que tenemos que ayudarlas, acompañarlas, enseñarles. Que debemos romper los ciclos de violencia, sobre todo con aquellas que fueron educadas para pensar que la violencia es parte natural de la maternidad. Que gritar, golpear, castigar, maltratar, es parte de criar. Cuando no lo es.

Ese día fue uno de los que más me ha marcado dentro de la fundación. Uno de los que me recuerda por qué existe Reinserta y por qué no podemos rendirnos en esta lucha.

> Porque detrás de cada madre hay una historia que necesita ser contada, y detrás de cada niño, una posibilidad de que el ciclo no se repita.
>
> Hay muy poca humanidad, los niños dentro del penal viven en condiciones indignas. Por ejemplo, nos tocó el caso de una niña que violaron dentro del penal, y esto nos lleva a cuestionarnos también cómo es posible que dentro de los penales tengan a los pederastas conviviendo con niños.

En el caso de la niña, el pederasta que abusó de ella se hacía pasar por secuestrador, entonces los papás de la niña confiaron, se quisieron ir un ratito solos a una celda y se la encargaron al pederasta, sin imaginar nada, pero a final de cuentas terminó por violarla. Y este caso, insisto, nos lleva a reflexionar sobre, ¿qué pasa cuando tienes a mas de medio millón de niños entrando y saliendo de las cárceles, no solo los que viven ahí, sino los que van a visitar a su mamá, a su abuela, a su tía, a su familiar, conviviendo con un pederasta sin ninguna protección de por medio?

También me viene a la mente el caso de otro niño abusado sexualmente dentro del penal desde hacía no sé cuánto. Nos dimos cuenta porque, por parte de la fundación Reinserta, llevamos a varios niños al acuario, son actividades que hacemos con frecuencia dentro de la fundación, sacar a los niños a conocer un mundo que a lo mejor nunca han visto y del cual tienen todo el derecho a disfrutar. Así fue el caso de este niñito, era la primera vez que salía, tenía un añito y medio, casi dos, pero no paraba de llorar, y al principio pensamos que era porque extrañaba a su mamá o que estaba asustado por el ajetreo de la salida, pero durante toda la excursión no dejó de llorar, de principio a fin fue un mar de lágrimas. Al mismo tiempo, teníamos a otro niño que tenía una gripa espantosa y se me ocurrió que el pediatra de mi hija, que está en el ABC de Santa Fe, revisara al niño que venía enfermo, porque se veía muy mal, le sonaban sus pulmones y no podía respirar bien.

Los niños venían del penal de Toluca, entonces era relativamente fácil que, de regreso al penal, llevaran a este chiquito que venía enfermo, al doctor. Ya que íbamos para allá, se me ocurrió también llevar al otro niño que no paraba de llorar, ya llevaba cuatro horas así y me daba miedo que se fuera a deshidratar. Y, en efecto, llegamos al pediatra y nos dijo: "Ese niño se les va a deshidratar si no para de llorar", no se imaginó que llevara cuatro horas así, y cuando lo revisó nos dijo que el niño había sufrido abuso sexual, tenía el ano dilatado. En ese momento le hablé al Subsecretario y le dije:

"Tengo a un niño al que violaron dentro de tu penal. Ahorita mismo te veo en la Fiscalía para aclarar todo. Yo no voy a hacer público esto, si tú me respondes ahorita." Es inaudito que tengan a los niños conviviendo así con los pederastas.

Y mientras escribo estas líneas, estamos a meses de entrar a los penales a trabajar con agresores sexuales infantiles para que definamos muy bien quiénes son estas personas, por qué terminan haciendo lo que hacen, por qué un señor de 60, 40, 70 años, termina abusando de un niño de 4, 6, 8, 11 años, ¿qué está pasando en México?

Hay teorías sobre la pedofilia que son muy fuertes, hablan de que es un trastorno mental, están propuestas en el DSM-5 y hablan de la pedofilia desde una perspectiva psicológica, pero yo estoy convencida de que la gran mayoría de los agresores sexuales en este país tienen que ver con machismo, repetición de la conducta, ausencia de educación sexual, y muchos otros factores que como sociedad sí podemos atender. Y me ilusiona saber que Reinserta es esa plataforma y una organización como no hay otra en México, por lo menos mientras escribo este libro, que busca las alternativas al punitivismo y a la venganza como una solución a la injusticia en la sociedad.

Succar Kuri fue un caso brutal para mí porque, de manera indirecta, lo relacioné con lo difícil que fue para mí el proceso de sanación con mi propio cuerpo y la paz que busqué después de la violencia sexual que sufrí en la niñez, entonces fue muy duro ver reflejado este dolor en las víctimas del depredador que fue Succar Kuri.

Además, es un caso que está plagado de injusticias y que representa muchos de mis valores y por lo cual yo peleo; lo que le hicieron a Lydia Cacho, para empezar, el descaro con el cual el gobernador en turno, Mario Marín, pudo "levantar" a una de las periodistas más importantes en el país y hacer lo que hizo, esto habla mucho de la impunidad y de lo intocables que se sientes los gobernantes corruptos en nuestro país.

Otro aspecto de no creerse es la manera en la cual Succar usó su dinero para defenderse, nunca se me va a olvidar que, cuando el ex presidente Andrés Manuel López Obrador pidió en una mañanera que no trasladaran a Succar al Penal Estatal de Cancún, que lo dejaran en un Penal Federal, y, ¿qué pasó?, que ese mismo día lo subieron a un avión y lo llevaron de vuelta a Cancún, esto nos habla del poder que tiene el dinero en nuestro país, y es algo muy interesante de analizar porque de lo que están llenas las cárceles es de gente pobre, hemos criminalizado la pobreza, y los ricos, muchas veces, pagan su libertad, o gozan de privilegios inimaginables aún tras las rejas, Succar Kuri es un ejemplo de esto.

Recuerdo que cuando conocí a Succar, uno de los subdirectores del penal, terminando mi visita, me llevó al aeropuerto, ya para tomar mi vuelo e irme, me dijo:

—No sabes el gusto que me da que hayas venido, para que veas el privilegio en el que vive, y eso que no viste nada, este cabrón mete niñas al penal.

Fue algo brutal.

Salí devastada, impotente.

No podía entender cómo esta persona seguía abusando sexualmente de niñas aún dentro de la cárcel, en mi mente no podía concebir la idea de que había todo un sistema que le permitía, y le facilitaba, "saciar" sus perversidades, fue algo muy triste y muy indignante.

Otro momento terrible fue cuando entrevisté ya formalmente a Succar y él confundió mi empatía con un acto de cariño, de alianza o de apoyo, no sé, y al finalizar me ofreció un departamento, me ofreció hospedarme en su hotel, una serie de cosas que en su momento sonaron como una completa locura pero que, después, me hicieron caer en cuenta de cómo opera él, tejiendo una serie de relaciones a través del dinero, es exactamente lo que hizo con el sistema de justicia.

> Succar Kuri fue un caso significativo porque hoy México está en los primeros lugares a nivel mundial de turismo sexual infantil, de abuso sexual infantil, de impunidad, etcétera, y gracias a Lydia hoy podemos saber que una de las caras de este problema fue Succar Kuri y la red que tejió con pederastas y pedófilos, algo que nos puso en el mapa del mundo gracias al nivel de impunidad que manejaron las autoridades.
>
> El caso de Succar Kuri simboliza lo que es la pedofilia y la pederastia en México y el gran vínculo que hay con el poder y con el dinero.

Una de las reflexiones que me llevo tras las entrevistas con Succar Kuri es cómo a través de la impunidad y el vacío que deja el abuso de poder y dinero hay cada vez más necesidad de saciar aquello que nos falta, y es un vacío que no se llena nunca, porque cada vez las quería más chiquitas, más "impuras", más inocentes, en fin, una serie de perversiones que esta persona tuvo hasta el final de sus días y que realmente nunca tuvo castigo.

Por eso el tema de la violencia sexual infantil en México es tan urgente de revisar, porque el turismo sexual infantil en nuestro país es tan impune que quienes están metidos en esta situación es gente de la política, funcionarios de gobierno, empresarios de alto calibre, y en general personas con muchísimo dinero, por lo que me da muy poca esperanza de solucionar lo que está pasando, pero al mismo tiempo creo vital hablar de estos temas y difundir todo esto para que, en el futuro, podamos frenar esta crueldad; este es el principal objetivo de Reinserta y de mi labor como activista, el alzar la voz ante estos temas tan incómodos y tan fuertes que preferimos silenciar porque nos duele, pero no nos damos cuenta que al silenciarlos estamos creando terreno fértil para que las cosas existan.

Por eso aquella plática con la mamá de los gemelos quemados en Santa Martha fue tan importante para mí, porque me hizo darme cuenta de todos los fallos que había en el sistema penitenciario y de lo que podíamos hacer para mejorarlo. Esa empatía que tuve al platicar con la mamá de los gemelos me abrió, en mi cabeza, el camino y las respuestas de lo que terminó siendo una ley. Porque saliendo de ahí contactamos a una agencia de comunicación, Leo Burnett, y de ahí salió el famoso *Anuario de los niños invisibles*, porque les dijimos a la gente de Leo Burnett, en especial a Alexis Ospina, quien tuvo la idea de crear este anuario, lo que estaba pasando, necesitábamos visibilizar la situación, y la creación del *Anuario de los niños invisibles* fue el inicio de un trabajo de difusión impresionante.

Este anuario es como el que te entregan en las escuelas a final de curso, pero nuestra idea era hacerlo con los niños de los que nadie habla, los niños que están en prisión. Fue un trabajo estratégico, porque no nos iban a dejar meter cámaras nada más porque sí, y Alexis quería que infiltráramos cámaras a la cárcel, y le dije: "Estás loco, no voy a arriesgar que me nieguen para siempre la entrada a las cárceles y perder la labor que tenemos en Reinserta."

Esa tarde hablé con mi papa y le conté la idea que teníamos; mi papá me dijo: "Hija, ¿qué prefieres, pasar a la historia como alguien que siguió una causa hasta sus últimas consecuencias o ser alguien que no tuvo el valor y terminó haciendo cosas chiquitas que quizá no tengan relevancia?" ¡Tenía toda la razón!, gracias a él me animé a seguir con eso.

Reinserta ideó hacer una kermés dentro de la cárcel, iba a ser el Día del niño y era nuestra oportunidad. Uno de los puestos era para que los niños hicieran su propia máscara, porque, claro, no pensábamos sacar las caras de los niños, debíamos cuidar su identidad, y ya con la máscara terminada, les tomábamos una foto con ella; este puesto lo pusimos estratégicamente para que de fondo saliera la torre de seguridad del penal, entonces así vendimos la idea, de una kermés por el Día del niño, me acuerdo que hasta fue el Subsecretario de ese entonces a tomarse la foto con las mamás y los niños, y yo por dentro con una puta bilis porque sentía que en cualquier momento nos iban a cachar y a correr o yo qué sé, porque lo hicimos en grande, llevamos globos, inflables, payasos, comida, espiropapas, en fin, hicimos todo por tener ese puesto de las máscaras y sacar las fotos de esos niños invisibles.

La idea del *Anuario de los niños invisibles* era pedir al Senado una ley de maternidad en prisión, queríamos presentar este estudio a los diputados y senadores para que se pusieran las pilas con el tema. Me acuerdo que un día antes de que diéramos la rueda de prensa para presentar este estudio, me cayó el veinte, todavía no le había dicho nada a los directivos del penal de donde sacamos las fotos, y no quería que se enteraran por la rueda de prensa, entonces agarré una copia del anuario y fui a hablar con el Subsecretario, y así tal cual le dije: "Te mentí, pero quiero que entiendas por qué lo hice", y le expliqué todo, le ofrecí una disculpa pero le hice ver que jamás me hubieran dejado hacer lo que hice, incluso le pedí que nos acompañara a la rueda de prensa como aliado, porque esto le podía jugar a favor o en contra, podía significar un éxito en su carrera. "Ni modo, me chingaste", me contestó, y sí, que me perdone, pero le insistí en que nos acompañara a la rueda de prensa y que sirviera como vocero de los penales y hablara sobre la importancia del tema y las necesidades a cubrir; porque algo muy interesante, que también le planteé, es que el hecho de que él estuviera destinando fondos para la comida de los niños, era, si lo queremos ver desde un punto de vista muy crudo, inhumano incluso, pero real, es desvío de recursos, porque el presupuesto para alimentos en los penales no incluyen a los niños. Total, el Subsecretario fue a la conferencia.

El día que lanzamos el *Anuario de los niños invisibles,* varios, y varias candidatas se subieron a la causa, la presidenta de la Comisión de Gobernación, Cristina Díaz, la presidenta de la comisión de Derechos Humanos, Angélica de la Peña, el senador Zoé Robledo, quien era el comisionado de la Biblioteca del Senado, entonces nos apoyó a imprimir los anuarios, fue un recibimiento muy positivo por parte de todos.

Esta iniciativa después se volvió un apartado dentro de la ley de ejecución penal, pero es la primera y única ley en

México que regula la maternidad en prisión y que prioriza el derecho superior del menor como máximo derecho. Lo único que nos cambiaron, y voy a pelear para que sea diferente, es que pusieron que los niños deben nacer en prisión para que esta ley los ampare y puedan quedarse con sus mamás, algo que es contraproducente, porque la maternidad en prisión está basada en el afecto y el apego materno desde la primera infancia para el desarrollo del Yo del menor. Porque hemos tenido casos donde agarran a las mamás de apenas 15 días de haber parido y ya no las dejan meter a sus hijos con ellas, las obligan a romper el vínculo. Por eso vamos a seguir luchando para modificar la ley.

Si bien el caso de los gemelos en Santa Martha explica muy bien cómo nació Reinserta, al mirar hacia atrás veo que Mercedes y yo comenzamos este camino movidas por una obsesión muy clara: la conducta antisocial. Yo trabajaba en la Policía Federal, en la Coordinación Nacional Antisecuestro; Mercedes, por su parte, abordaba temas de trata de personas. Las dos estábamos atravesadas por una misma inquietud: ¿Qué lleva a una persona a cometer un delito?, ¿cómo se construye la violencia desde la raíz?

Teníamos apenas 22 y 23 años. No sabíamos la dimensión de lo que estábamos emprendiendo, pero sí sabíamos que vivíamos en un país donde el sistema penitenciario estaba invisibilizado, olvidado por la ciudadanía y manipulado por el discurso político. Mientras la sociedad vivía con enojo e impotencia por la inseguridad, los políticos encontraban en las cárceles el chivo expiatorio perfecto: se empezó a hablar de construir más penales federales, de endurecer castigos, de segregar a secuestradores, de imponer prisión preventiva oficiosa… todo muy "vendible" para la opinión pública, pero nada que resolviera el fondo del problema.

Así, mientras se fortalecía el discurso punitivo, se debilitaba el sentido real de la justicia. Dejamos de ver el sistema penitenciario como un espacio para garantizar derechos, reinsertar, regenerar. Se abandonó la posibilidad de convertir las cárceles en una herramienta real para mejorar la seguridad del país.

Mercedes y yo empezamos a recorrer penales por todo México, y en ese proceso fuimos descubriendo —con horror— la podredumbre del sistema penitenciario. Yo, que ya estaba un poco más metida, tuve la misión de rescatar a una víctima de secuestro en el penal de Matamoros. Fue un episodio brutal que me abrió los ojos como pocos. Vi de cerca cómo funcionaban los autogobiernos, cómo el crimen organizado tenía el control total del penal, cómo las autoridades fingían no ver. Escuchar a políticos hablar de "justicia" y "seguridad" en sus discursos me parecía una burla, una tomadura de pelo.

En ese momento, yo era directora de Enlace Penitenciario en la Coordinación Nacional Antisecuestro. Renato Sales Heredia, mi jefe, me pidió viajar a Tamaulipas para investigar una llamada de negociación de secuestro que habíamos logrado rastrear. Llevaba en la mano la geolocalización de la llamada que ubicaba con precisión el origen: el interior del penal. Llegué al penal, me presenté ante el director y le pedí su apoyo. Se me quedó viendo como si estuviera loca. Me dijo, con toda la cara dura del mundo, que en su penal no había celulares. No sabía si reír o llorar. Ese penal estaba señalado por la Comisión Nacional de Derechos Humanos como uno de los peores del país. Yo sabía bien lo que estaba pasando. Pero él, desde su pequeño trono de poder, prefirió negarlo todo.

Tuve que regresar a la oficina con las manos vacías. Me dio rabia, impotencia, vergüenza. Sentía que había fallado. Me aterraba que Renato, a quien admiraba profundamente, se arrepintiera de haberme contratado. Pensaba que, por haber fracasado, ya no me iban a volver a confiar una misión tan importante. Hoy sé que parte de ese miedo venía de mis propias inseguridades. Era una lucha interna por validarme como profesional en un entorno donde nadie lo hacía. Era una batalla constante contra el machismo, contra el adultocentrismo, contra la falta de credibilidad por ser mujer joven en un sistema podrido y vertical.

Afortunadamente, Renato entendió. Me escuchó. Le dije que quizás el director no quiso aceptar lo que pasaba porque era más fácil negarlo todo que admitir que no tenía control de su penal. Y es que hay cárceles donde ni siquiera los directores pueden entrar a ciertas zonas. Son penales completamente tomados por los internos. Esos autogobiernos se consolidaron durante décadas, y desmantelarlos no es tarea fácil.

Después de aquel primer viaje fallido a Tamaulipas, la frustración me dejó marcada. Pero no pasó mucho tiempo antes de que se confirmara lo que yo ya sabía. Se negoció con autoridades estatales, intervino la Policía Estatal —con apoyo de la Federal—, y entraron al penal. No solo encontraron a la persona que negociaba el secuestro. También hallaron a la víctima encerrada en una celda.

¿Se imaginan? El líder de una banda de secuestradores había decidido que el lugar más seguro para ocultar a su víctima era un penal. Un centro de reclusión oficial. Una institución del Estado. Me pareció surrealista. Un nivel de corrupción tan profundo que convirtió una cárcel en una bodega de víctimas. El colmo de lo inaceptable.

Ese caso fue una sacudida fuerte. Me mostró que el problema de raíz no es solo el crimen organizado, sino su cohabitación con el aparato del Estado. Es la colusión, el silencio, el negocio. Lo vi de cerca. Lo viví. Y no fue la única vez.

Recuerdo que la primera vez que visité Topo Chico, uno de los penales más duros y peligrosos del país, tuve que pedir permiso no al director, sino a los internos. El director me dejó en la entrada y se regresó a la oficina. Así, tal cual. Me dijo: "Si quieres pasar, es bajo tu propio riesgo." Le hablé a Renato y le avisé: "Si algo me pasa, fue aquí." Sentí una adrenalina tremenda. Y miedo. Mucho miedo.

Topo Chico era un infierno. Una ciudad paralela donde los cárteles habían dividido el espacio: a la derecha, las mujeres del Cártel de Los Zetas; a la izquierda, las del Cártel del Golfo. Bastaba un paso en falso para detonar una guerra. Ese penal era un microcosmos de impunidad: prostíbulos, bares, restaurantes, venta de droga, peleas clandestinas, niños corriendo entre la violencia como si fuera lo normal.

Ese día fui a levantar información sobre mujeres privadas de la libertad que eran madres. Nos presentamos, explicamos el proyecto, mostramos los cuestionarios. Una PPL nos pidió ver el formato y se lo llevó a la "madrota", esposa de un sicario. Regresó minutos después: "Te dieron permiso. ¿A cuántas mujeres necesitas?" Respondí: "A las que quieran participar."

Se acercaron 60, 70 mujeres. Durante unas tres horas, estuvimos levantando testimonios, escuchando historias desgarradoras, viendo la precariedad en que vivían. Hasta que la misma mujer regresó y nos dijo: "Ya es hora de que se vayan." Así, sin más. Obedecimos. Porque ahí dentro, ellas mandaban.

Ese día, mientras caminaba por el patio, conté de forma estimada al menos 74 niños y niñas dentro del penal. Bebés en brazos, niños corriendo. Recuerdo sus rostros, sus risas, sus ojos curiosos. Niños que no sabían que, solo por haber nacido, ya eran víctimas de un sistema corrupto. Salí y le pregunté al director: "¿Cuántos niños tiene aquí dentro?" Dudó, salió de su oficina y regresó diez minutos después: "Tenemos 32." Me ardió la cabeza. Su desconocimiento era escandaloso. Ni siquiera sabían cuántos menores estaban bajo su responsabilidad.

Y si no sabes cuántos niños viven en tu penal, ¿cómo puedes saber si están vacunados?, ¿si tienen acceso a salud?, ¿si están en peligro?, ¿si comen? No puedes. Porque no te importa. Porque no es tu prioridad.

Y lo más fuerte de todo es que, a pesar de todo esto, las amenazas nunca han venido del crimen organizado. Han venido del gobierno. De los funcionarios corruptos que operan estas redes, de custodios, de directores, de autoridades que ven en nuestra presencia un peligro, no por lo que hacemos, sino por lo que podemos contar.

A lo largo de los años, las entrevistas que hacemos para el podcast *Penitencia* han sido cada vez más restringidas. No por las PPL, que en su mayoría quieren hablar, sino por las autoridades que temen que se sepa la verdad. Porque el sistema penitenciario en México es un negocio. Se cobra todo. Y cualquier intento de transparencia amenaza ese negocio.

Recuerdo bien cuando una mujer me habló de un custodio que cobraba hasta por rentar un teléfono para extorsionar a ciudadanos. O las historias de familias que tienen que pagar por ver a sus seres queridos. O cómo el presupuesto de alimentos se desvía para comprar votos, sobornar funcionarios o pagar favores.

La realidad es que las cárceles han dejado de ser centros de reinserción. Hoy son espacios donde se hace negocio desde la miseria humana. Por eso en Reinserta hemos tenido que trabajar también con la relación con las autoridades, intentando siempre encontrar a quienes sí quieren hacer las cosas bien. Porque sí los hay. Y porque estoy convencida de que somos más los buenos. Lo que necesitamos es dignificar a quienes trabajan en el sistema penitenciario, para que el bien y el mal estén claramente diferenciados, y que podamos aspirar, algún día, a una justicia real.

> Después de tantos años recorriendo penales, conociendo historias, enfrentando amenazas y abriéndonos paso en un sistema que preferiría seguir funcionando en la opacidad, una cosa me queda clara: las cárceles no son otra cosa que el espejo más crudo del país que somos. Ahí dentro se condensan todos los problemas estructurales que arrastramos desde hace décadas —corrupción, impunidad, clasismo, machismo, pobreza, violencia institucional— y lo hacen sin máscaras, sin filtros.
>
> Cuando una cárcel es gobernada por quienes deberían estar privados de la libertad, cuando los directores temen entrar a sus propios penales y cuando esconder a una víctima de secuestro dentro de una institución del Estado se convierte en una estrategia criminal efectiva, estamos frente a un Estado fallido.

Y lo más alarmante es que parece que ya nos acostumbramos a esa podredumbre. Las autoridades le tienen más miedo a que contemos la verdad que a los grupos del crimen organizado que controlan sus prisiones. El gobierno prefiere negar cifras antes que reconocer que no tiene recursos ni capacidad para atender problemáticas tan graves como el reclutamiento infantil, la tortura institucional o las redes de prostitución en cárceles.

Nos toca a las organizaciones, a la sociedad civil, a las y los periodistas, a quienes trabajamos de cerca estos temas, no permitir que el horror se normalice. No permitir que la cárcel siga siendo un negocio desde la miseria humana, una institución que reproduce la violencia en lugar de transformarla.

> En el trabajo que hago día a día nunca busco romantizar la cárcel. Todo lo contrario. Queremos transformarla desde la raíz, porque no se puede hablar de seguridad en un país si no se enfrenta el caos que habita sus centros de reclusión. Porque el verdadero cambio no empieza con castigos más duros o con llenar las prisiones de más cuerpos, sino con entender que la justicia no puede construirse sobre estructuras tan podridas.
>
> Reinserta y *Penitencia* nacieron para hablar de lo que nadie quiere decir. Para mostrar lo que nadie quería ver. Y hoy, más que nunca, sé que ese sigue siendo nuestra obligación y responsabilidad.

A lo largo del tiempo, uno de los grandes desafíos que hemos tenido en Reinserta ha sido el trato con las autoridades, en especial con aquellas profundamente corruptas. Para muchos de estos funcionarios, nuestro trabajo representa una amenaza. Nos han cerrado puertas, han intentado intimidarnos, y han hecho todo lo posible por silenciar lo que hemos documentado.

Paradójicamente, nunca he sido amenazada directamente por los llamados "malos", los líderes criminales o integrantes de cárteles, sino por quienes se supone que deberían defender la justicia: funcionarios públicos, personal penitenciario, autoridades de fiscalías, custodios y directoras de penales. Son ellos quienes han visto en mi presencia un riesgo, no por lo que digo, sino por lo que puedo descubrir.

Recuerdo bien la primera vez que me amenazaron. Fue en Santa Martha Acatitla, en 2016. Y quien me advirtió no fue una autoridad, sino una mujer privada de la libertad acusada por secuestro. Se me acercó con cautela y me dijo en voz baja: "Cuídate. Hay una custodia que está pidiendo que te den un *estate quieto*. Estás tocando cosas que no deberías tocar."

Esa frase me marcó. Porque no venía de un criminal, sino de una mujer interna que había reconocido mi trabajo y quería protegerme. Y lo que estaba tocando —según su advertencia— era una red de prostitución que operaba dentro del penal, coordinada por una custodia. Mujeres privadas de la libertad eran trasladadas por un túnel subterráneo al penal varonil, donde eran explotadas sexualmente. Nadie decía nada. Y cualquier intento de exponerlo se consideraba una intromisión peligrosa.

El colmo fue cuando una de esas mujeres, a quien yo misma había denunciado en el pasado porque me robó, me llamó desde adentro. Me pidió perdón. Me dijo que la estaban prostituyendo. Que la estaban obligando. Me suplicó que no me olvidara de ella. Ese momento fue un conflicto brutal para mí: entre la justicia que me impulsaba a mantener mi denuncia, y la compasión que me pedía reconsiderar.

¿Cómo te mantienes firme en un sistema donde todo está viciado? ¿Cómo encuentras justicia cuando quienes la imparten están igual o más podridos que quienes la violan?

Y un caso que quiero contar aquí es el de Topo Chico. Algo brutal. Algo inhumano. Una de las cárceles más terribles en el mundo.

Durante los años que me ha tocado trabajar en el sistema penitenciario, he visto muchas cosas. Me he enfrentado con el autogobierno en distintas formas. He visto peleas de gallos, restaurantes con barra de alcohol, redes de prostitución, manufactura y venta de droga, motines, violencia, secuestros dentro de penales, incluso el hallazgo de un bebé muerto dentro de una cárcel.

Sin embargo, pocas cosas se comparan con lo que fue el penal de Topo Chico. Desde que empecé en este camino, lo vi como la representación más clara de todo lo que está mal con el sistema penitenciario en México. Un penal completamente gobernado por la delincuencia organizada, particularmente por Los Zetas, un grupo que transformó la violencia dentro del crimen organizado y que usó este penal como base de operaciones.

Los Zetas controlaban incluso un dormitorio exclusivo para mujeres: muchas de ellas eran operadoras del grupo, parejas o familiares de sus integrantes. En una esquina vivían las mujeres del Cártel del Golfo, enemigas de los Zetas. Recuerdo especialmente una visita a Topo Chico donde me impactó profundamente un cuarto tipo bodega, sin más que un excusado y una regadera encima de éste. Ahí, vivían hacinadas casi 100 mujeres y tres niños pequeños, prácticamente bebés. Dormían una encima de otra en el suelo, sin colchonetas, cobijas ni almohadas. Durante el día, solo podían sentarse en el mismo espacio donde dormían.

Ese lugar era un infierno. Aislado, sin patio real, sin protección. Y lo más alarmante: eran presas del cártel enemigo. Las autoridades, con su pasividad, parecían creer que mantenerlas ahí las protegía, cuando en realidad las exponía aún más. Eran moneda de cambio. Las prostituían, las golpeaban, las violaban. Los niños vivían inmersos en un estado de terror constante.

Por eso, cuando se anunció el cierre del penal de Topo Chico, sentí que vivía algo imposible. Un sueño que se volvió realidad. Pensé que jamás vería ese lugar cerrado. Pero finalmente sucedió. Y para mí, ese cierre representó el inicio de un México que por fin reconoce al sistema penitenciario como parte fundamental de su estrategia de seguridad.

A mí se me invitó a participar en la salida de las personas privadas de la libertad y en su reubicación en penales nuevos. Hombres y mujeres serían trasladados a espacios distintos, también adolescentes y mujeres madres en prisión, por fin serían separados, a kilómetros de distancia uno del otro.

Aterrizamos esa noche con Alex Reider, un documentalista y productor a quien tengo la fortuna de llamar mi socio y hermano, y comenzó el operativo a eso de las 11:30 p.m. Duró hasta la 1:00 p.m. del día siguiente.

Lo primero fue sacar a las mujeres. Era un traslado sorpresa, nadie lo esperaba. Con el equipo de Reinserta, encabezado por Eduardo Guerrero, iniciamos por segregar a las mujeres embarazadas y a las que tenían hijos. Temíamos que los hombres se rebelaran si no aprobaban la salida de sus mujeres e hijos. Por eso actuamos rápido y con total discreción.

Las mujeres estaban asustadas. No entendían qué pasaba. Temían por sus vidas. Lloraban. Muchas no sabían si lo que venía era peor o mejor. La incertidumbre era total.

Metimos a las madres con hijos a una guardería improvisada dentro del penal. El equipo de Reinserta jugó con ellos mientras todo un operativo de seguridad desmantelaba sus dormitorios llenos de drogas, armas, celulares y objetos prohibidos.

Las mujeres tuvieron que empacar lo esencial en bolsas transparentes: cobijas, una muda de ropa, artículos personales. Fue devastador. Muchas no sabían si volverían a ver sus cosas. Algunas ni siquiera sabían si volverían a ver a sus hijos.

Uno de los aportes más valiosos de Reinserta fue sensibilizar a las autoridades durante el traslado. Pedimos que no esposaran a las mujeres embarazadas, que se permitiera a los niños llevar sus juguetes, pañales, ropa, y que pudieran estar con sus madres.

Afortunadamente, las custodias mostraron su lado humano. Se dejaron llevar por el instinto maternal y colaboraron. Los niños no fueron tratados como delincuentes.

A ellos se les explicó todo a través del juego. Se les cuidó. Se les protegió. Y lo que pudo haber sido una pesadilla, terminó siendo un proceso menos doloroso.

Hasta el final del operativo, sacamos a las mujeres psiquiátricas. Algunas llevaban años encerradas en condiciones inhumanas, segregadas en un hoyo con puertas semi blindadas, sin ver la luz del día. Mujeres con esquizofrenia, demencia, trastornos mentales, sin ningún tipo de tratamiento.

Una de ellas me dijo: "No me puedo ir porque me va a venir a rescatar Sancho Panza, mi pareja." Esa frase me rompió. Estaba convencida de que vivía dentro del universo de Don Quijote.

A cada una la envolvimos en cobijas. Las custodias, otra vez, mostraron una enorme empatía. Las acompañaron emocionalmente. No se les puso esposas. Se les dio un espacio especial en el nuevo penal, pensando en su salud mental.

Cuando sacamos a la última mujer, yo la acompañé personalmente. Iba con un custodio que había trabajado 30 años en Topo Chico. Me miró y, con lágrimas en los ojos, me dijo: "Saskia, nunca pensé ver este lugar cerrar. Esta casa del horror cerrar."

Lloré con él.

Al día siguiente, se cerraron las calles de Monterrey. Sacamos a las mujeres a las 4:00 a.m., en silencio. Después fue el turno de los hombres. Hubo más resistencia. Algunos querían mantener su liderazgo en los nuevos penales. A los líderes más violentos se les trasladó a penales federales. Era necesario romper con esa cadena de poder.

Lo que encontramos en el Topo Chico fue aterrador:

- Discos duros con geolocalizaciones de familiares de internos
- Un cuarto con cámaras de seguridad que vigilaban calles enteras desde dentro del penal
- Espacios de tortura, secuestros, cobros de piso dirigidos desde ahí
- Más de 300 personas encerradas con llave, muchas con VIH, tuberculosis y otras enfermedades. Sin luz, sin aire, sin baños, dormían sobre excremento y comida podrida llena de gusanos.

También se desmantelaron:

- Celdas VIP con jacuzzis, pantallas, camas king size
- Un arsenal completo de armas cortas y largas
- Celulares, drogas, alcohol

A las dos de la tarde, el penal quedó vacío. Solo quedaron unas 200 personas vulnerables: personas mayores o con enfermedades crónicas. Ellos estuvieron presentes en el evento oficial de clausura. El gobernador cerró con un candado las puertas de Topo Chico, marcando el final de uno de los penales más violentos y corruptos de América Latina.

Aquí comparto la columna que escribí ese día para el periódico *El Universal*:

> Siento que me pasó un camión encima. El camino de regreso a mi casa es eterno. El vuelo de una hora se siente como cinco y sé que es por el día tan intenso que hoy viví. Hoy lunes 30 de septiembre cerraron el Topo Chico. Aquel penal que es y que no será jamás, el penal más peligroso de América Latina. El penal donde murieron decenas de personas a punta de fuego con armas exclusivas del Ejército. Un niño de dos años que ahí vivía con sus papás, y aquellos que fueron quemados y decapitados. Cosa de todos los días en el Topo. Recorrí el penal vacío. Ya no había un alma. Era cuestión de minutos que se habían llevado al último interno. Caminé las celdas y respiré la desesperanza que se sentía en cada una de ellas. Los gusanos en el piso me recordaron lo inhumano que podemos ser con aquellos marginados. Los enfermos con tuberculosis que entre gusanos, comida podrida, hacinamiento y celdas cerradas contaban los días de su condena. Entré y vi los espacios donde se veneraba a la Santa Muerte y donde hacían sacrificios humanos sin ningún tipo de consecuencia. Los cuerpos los soltaban en las calles de Nuevo León y aparecían en los diarios como un día más de violencia en el estado.

Entrar a estos espacios "sagrados" fue una película de terror en vida. Más de 40 estatuas de unos cuantos centímetros hasta aquellas que rebasaban los dos o tres metros tenían también un lugar entre estas paredes. Cada muerte, cada asesinado, decapitado o desmembrado era con su supervisión. El dormitorio del famoso Charal era un típico dormitorio con jacuzzi, piso marmoleado, regadera grande, ventanales, cama king size y más de 40 celdas que albergaban a 300 de sus cuidadores que estaban en guardia 24 horas los siete días de la semana. Era intocable. Desde su celda tenía nueve pantallas donde monitoreaba el C5 hackeado del penal y de Nuevo León. La seguridad de Nuevo León era vigilada desde este espacio. Una celda típica que vemos en las noticias y que ya no nos sorprende. La sangre de la masacre del 9 y 10 de febrero de 2016 se ve y se respira por todos lados. Los cuerpos los apilaron encuerados como trofeos para las autoridades. Los custodios sollozaban en el piso tras ser secuestrados y brutalmente golpeados a palazos. Las imágenes y los videos literalmente me generaron náuseas. ¿Hasta dónde podemos llevar la violencia de manera tan deshumanizada y seguir en este camino de la vida como si nada? Indignada, triste y desesperada de saber que en mi país esto pasó y durante años se toleró. Se sigue tolerando en tantos estados del país. No lo concibo. Los días que las cosas se ponían pesadas dentro del Topo, siempre podías pasar al bar donde amablemente sobre una pared con estilo grafiti y a color te ponían las bebidas a elegir: michelada, perro salado, cuba, desarmador, piña colada, bombas, orgasmos... lo que querías había. Mujeres entraban a las visitas. A las que les iba bien pagaban cuota monetaria. Las demás llegaron a ser violadas o como lo vimos en 2016 colgadas en puentes de Nuevo León. Decenas de niños y niñas vivían aquí. Cientos de niños visitaban a su papá o su mamá en este espacio sin la mínima certeza de saber si iban a salir con vida, o qué aprendizaje y/o aventura podrían tener. Mamá y/o papá vivían ahí. Es cosa de todos los días. Platiqué con aquellos internos que le dieron cierre a este espacio. Aquellos que salieron y no volteaban para atrás. La pesadilla se había terminado. "Nunca sabías si ibas a despertar con vida. Hubo días que despertaba y para ir a trabajar tenía que pisar cadáveres humanos. Tu vida estaba asegurada por minutos y segundos. Nada más" El Topo Chico cerró sus puertas para siempre. Para mí es un golpe de realidad pero la gasolina necesaria para esta lucha que tengo todos los días. El sistema penitenciario es un eje clave en materia de seguridad en México. Lo tenemos que entender. No podemos seguir pretendiendo que tener 80 por ciento de cárceles con autogobierno es normal. No podemos pensar que si se manufactura cocaína o heroína dentro de nuestros penales no pasa pasa nada "total, no me afecta a mí". Tenemos que dejar de permitir que nuestras autoridades no hagan nada con los cientos de delitos que se están fraguando desde las prisiones de este país. NO ES NORMAL, es momento que lo entendamos.

Lo más desesperante ha sido ver cómo las personas privadas de la libertad muchas veces quieren hablar, quieren contar su historia, ser escuchadas, pero las autoridades lo impiden. No por cuidar la seguridad del penal, sino por miedo a lo que pueda salir a la luz. Hay una resistencia institucional sistemática que busca mantener bajo llave todo lo que se vive ahí adentro: extorsiones, redes de trata, cobros ilegales, corrupción médica, impunidad en las custodias.

Mi podcast *Penitencia*, por ejemplo, ha sido objeto de esa resistencia. No por lo que yo digo, sino por lo que otros se atreven a contar. Porque en cada historia se revela una verdad incómoda para el sistema.

> En numerosos estados del país el sistema penitenciario mexicano es, en muchos sentidos, un negocio. Todo se cobra. Todo se vende. Y el efectivo corre sin control. Es muy duro reconocer que proyectos sociales como Reinserta o espacios para visibilizar como mi podcast tienen fecha de caducidad no por falta de voluntad, sino por el miedo de las autoridades a transparentar la miseria humana que mantienen oculta. Los penales, en lugar de ser centros de reinserción, se han convertido en plataformas de poder, negocio e impunidad. Y eso, mientras no se confronte, va a seguir perpetuando la violencia que tanto decimos que queremos combatir.

Hace unos años nos tocó en Reinserta hacer un estudio donde conocimos, de primera mano, a los niños y niñas, víctimas directas de la delincuencia organizada: aquellos que reclutan y los vuelven sicarios, halcones, narcomenudistas tan chiquitos como desde los ocho años. Los testimonios que recopilamos a lo largo del país fueron tan brutales como reveladores. Cada voz adolescente contenía una vida marcada por la violencia, el abandono, la impunidad y la manipulación. Fueron estos relatos, crudos y sin filtros, los que nos permitieron entender el verdadero rostro del reclutamiento infantil en México, y lo complejo que es hablar de reinserción cuando lo que se ha vivido supera cualquier lógica.

> Si estás interesado en consultar este estudio con detalle, puedes encontrarlo en la página de Reinserta o descubre más información de testimonios y reflexiones en el libro *Un sicario en cada hijo te dio.*

Uno de los testimonios que más me marcó fue el de un adolescente que me dijo: "Yo ya no quiero salir porque allá afuera me matan. Aquí al menos sé que tengo dónde dormir." Otro, con apenas 15 años, me explicó cómo lo entrenaron para asesinar: "Nos ponían a matar perros, primero. Si lo hacías sin llorar, podías seguir. Luego ya te daban una persona." La normalización de la crueldad era escalofriante, y el uso sistemático del trauma como herramienta de adiestramiento quedaba claro en cada palabra.

Muchos de estos niños y niñas ni siquiera sabían leer o escribir. Algunos eran huérfanos; otros, hijos de madres presas o padres desaparecidos. Todos tenían algo en común: el Estado les había fallado. Y en ese vacío, llegó el crimen organizado, dándoles una identidad, una función, un "lugar" donde sentirse parte de algo, aunque ese algo fuera la muerte.

Recuerdo particularmente a una joven de 17 años que había sido sicaria. Me confesó que mató a cinco personas. "A mí me gustaba matar", dijo. Pero al observarla, me di cuenta de que esa afirmación no era real. Era una coraza. Una manera de darle sentido a lo que vivió. Me hablaba de las armas como si fueran juguetes. Me contaba que en el cártel le dieron un vestido y maquillaje la primera vez que mató a alguien, como si fuera una fiesta. Me dolió profundamente ver cómo el crimen organizado pervierte incluso los símbolos más inocentes.

Otro adolescente nos contó que lo captaron cuando tenía 10 años. Lo usaban como "halcón" al principio. Le pagaban con comida. Su mamá lo entregó porque ya no podía mantenerlo. Y lo que más me estremeció fue que, cuando le pregunté qué quería ser de grande, me contestó: "¿Se puede ser algo más?"

Estos relatos son solo una muestra de cientos de historias que encontramos durante el levantamiento del estudio. Cada palabra revelaba una falla estructural, una deuda pendiente, una infancia robada. Pero también revelaban una posibilidad: la de hacer algo con esa información, de visibilizar, de legislar, de prevenir.

Aquí sus voces:

"Pues, ahora sí que, se me hizo costumbre matar, robar…": Andrés.

"Cuando se mete la contra está bien caliente en la plaza, es cuando se roban a los jóvenes para meterlos a trabajar. Así van a otra ciudad, a otras colonias a robarse a personas. Los secuestran y los meten a trabajar y los que no quieran pues los matan": Arturo.

"Cuando empecé de sicario tenía casi 15 años, cuando los cumplí hice un fiestón": Raúl.

"Si hacías algo mal, te amarraban y todos los días te daban una chinga. Como quién dice, almuerzo, comida y cena: cuando la regabas, te comías de 10 a 12 tablazos y cena de 12 a 10 tablazos, depende. También te llegan a amarrar 15 días, un mes, el tiempo que estuviera amarrado lo vas a pasar sintiendo la tabla": Beto.

"Esta chido jalar así, o sea, drogado, aunque es peligroso, pues no andas consciente de lo que estás haciendo. Por eso algunos mandos no te dejan, porque no eres útil cuando andas así": Omar.

"Los grupos sí jalan con niños chiquitos, yo digo que me agarraron a mí para que, el día que agarraran a los adultos, me echaran la culpa, me querían agarrar como su títere": Susana.

"Yo era fuerte y ágil, por eso sentía que podía ser un buen elemento para el cartel, tenía el ejemplo de mis tíos y quería ser como ellos": Iker.

"En ese tiempo hice de todo, matar, torturar, agarrar gente, de todo, y pues no sentía feo, era trabajo, nomas": Kevin.

"Después de que nos dieron el arma y terminamos el entrenamiento, me asignaron trabajos de sicario, me mandaban a matar gente y cobrar venganzas, el pago era de veinticinco a treinta mil pesos quincenales por realizar el trabajo": Mauricio.

"Para mí, matar personas era como matar animales, siempre decía: esto es como si matara a un venado": Pedro.

"En este mundo solo hay de dos, o te matan o te encierran, eso lo sabíamos, a varios compañeros ya los habían detenido y era cuestión de tiempo para que a mí también me pasara": Mauro.

"Lo peligroso era que hacía trato con diferentes carteles, pero pues yo no lo quise ver, se me hizo fácil todo": Juan

"En mi etapa como sicario maté entre quince y diecinueve personas, no me acuerdo bien. Lo que sí me acuerdo era que quería matar artísticamente, quería ser como los artistas asesinos, así que cuidaba cada homicidio, lo trataba de hacer de manera impecable": Tito.

Los testimonios que recopilamos a lo largo del país fueron tan brutales como reveladores. Cada voz adolescente contenía una vida marcada por la violencia, el abandono, la impunidad y la manipulación. Fueron estos relatos, crudos y sin filtros, los que nos permitieron entender el verdadero rostro del reclutamiento infantil en México, y lo complejo que es hablar de reinserción cuando lo que se ha vivido supera cualquier lógica.

La normalización de la crueldad era escalofriante, y el uso sistemático del trauma como herramienta de adiestramiento quedaba claro en cada palabra. Pero esto va más allá de lo que comúnmente se cree. No es solo que los usan como halcones o "mulas" de transporte. Los entrenan para matar, para desmembrar personas vivas, para usar químicos como ácido para desaparecer cuerpos. Es una fórmula brutal diseñada para destruir la infancia y reprogramar los cerebros.

Mi equipo y yo, después de cada jornada de entrevistas, buscábamos un lugar para comer y procesar lo que habíamos escuchado. Me acuerdo que pedía siempre mesas privadas. Teníamos miedo de que las personas en otras mesas escucharan las cosas que comentábamos. No eran cosas fáciles de digerir, ni para nosotros, ni para nadie.

Este estudio fue desgarrador. Muchos de los adolescentes entrevistados tenían severos daños cognitivos. El caso de Didier, por ejemplo —que cuento más a fondo en *Un sicario en cada hijo te dio*—, me marcó profundamente. Si alguien me pregunta si creo en la reinserción social, respondería que sí, pero no para todos. Hay casos, como el de Didier, donde la combinación de violencia extrema, consumo de sustancias desde edades tempranas y el abandono emocional han deformado su estructura mental de tal forma que la reinserción se vuelve prácticamente imposible. Ya no se trata solo de un tema social; es neuronal.

Didier es uno de esos casos perdidos. Va a sonar terrible, pero lo más probable es que su destino sea morir en poco tiempo. Y es ahí donde te das cuenta de que la sociedad no está diseñada para actuar a tiempo, ni para rescatar a quienes viven en los extremos más oscuros del abandono.

Con toda esta información en la mano, fue imposible que las autoridades siguieran negando la problemática. Aunque, hay que decirlo, no era que negaran directamente su existencia: simplemente daban a entender que "lo tenían controlado" o que "estaban trabajando en ello", cuando la situación estaba absolutamente desbordada.

Fue en ese momento cuando Mercedes y yo empezamos a entender que Reinserta no podía limitarse solo a observar y denunciar. Teníamos que construir algo más profundo y sostenible. Pero también nos enfrentamos a la realidad del financiamiento. Cuando salíamos a buscar aliados, benefactores, o empresas dispuestas a financiar un proyecto que trabajara con adolescentes reclutados por el narco, la respuesta era casi siempre apática o evasiva. Les incomodaba lo que hacíamos, con quiénes trabajábamos.

A pesar de eso, teníamos claro que la normalización de la violencia en la infancia genera delincuencia. Eso no es algo que suelo decir en entrevistas públicas porque jamás buscaría criminalizar a las infancias, pero la realidad es que el problema de violencia en México comienza en casa, en la calle, en la indiferencia. Muchos de estos niños no saben lo que es el amor. Nunca lo conocieron.

Lo que hemos visto con las infancias que trabaja Reinserta es que, en su mayoría, no disfrutan de estar en el narco. No sueñan con eso. Pero es lo único que conocen. Creen que si hacen bien su trabajo podrán ser "alguien". Pero como siempre digo: Chapo Guzmán hay uno, Mayo Zambada hay uno. La mayoría de estos adolescentes nunca pasarán del escalón medio o bajo del sicariato. No hay gloria para ellos, solo muerte o cárcel.

Recuerdo a uno de ellos decirme: "Traía 45 mil pesos en mi mochila y un arma, eso me daban los Chapitos por matar para ellos."

Pero luego explicaba que con ese dinero tenía que pagarle "mordida" a la policía, pagarle a su escolta, al ejército en los retenes, y que al final se quedaba con 20 mil pesos. ¿Eso vale tu vida?

Y el problema es que no es tan fácil salir. No para un joven que todavía está construyendo su identidad. Al contrario de los adultos que pueden reflexionar desde una perspectiva más racional, los adolescentes siguen en formación. El narco les ofrece lo que nunca han tenido: una familia, una identidad, un propósito. Confunden pertenencia con amor. Y dejar esa vida, una vez dentro, es casi imposible.

Las frases que más escuchamos lo dicen todo: "Prefiero morirme joven a morirme jodido."

Otra cosa que vimos en común en estos adolescentes era un deseo enorme por tener una vida distinta, pero sin saber cómo. El daño ya estaba hecho. La infancia ya había sido pervertida. El sistema ya los había traicionado.

Y eso es lo que me lleva a concluir que Reinserta no es solo una organización. Es una plataforma disruptiva en México. Una voz que se atreve a hablar de lo que muchos quieren callar: de la nota roja, de la infancia invisible, del abandono estatal. Y mientras escribo esto, Mercedes y yo seguimos trabajando con la misma pasión, ahora desde nuevos frentes.

> Actualmente estamos levantando un nuevo estudio sobre prevención del abuso sexual infantil, otro de los temas más dolorosos de este país. Me rompe el alma saber que la clínica que atiende a las niñas y niños sobrevivientes de abuso tiene lista de espera, porque los casos superan por mucho la capacidad instalada. Eso dice todo.

En este estudio trabajamos con agresores sexuales infantiles dentro de los penales, para entender quiénes son, cómo piensan, y por qué hacen lo que hacen. Es un tema complejo, que toca dimensiones médicas, psicológicas, sociales y culturales. Algunas teorías los definen desde la psicopatología (DSM-5), pero yo estoy convencida, insisto, de que en México el abuso infantil tiene que ver más con machismo, repetición de conducta y ausencia de educación sexual. Son factores que sí podemos cambiar.

Y mientras todo esto pasa, mientras más avanzamos, más reafirmo que Reinserta es, hoy por hoy, una organización única en su tipo. Un espacio que no busca castigar por castigar, sino entender para transformar. Una organización que cree que la justicia no puede ser sinónimo de venganza.

Si algo me ha quedado claro es que las juventudes que delinquen en este país no nacieron para matar. No nacieron para desaparecer cuerpos ni para extorsionar. Lo hacen porque es la única manera que el mundo les mostró para sobrevivir. Y mientras sigamos negando eso, seguiremos fabricando enemigos que en realidad son nuestros hijos, nuestros hermanos, nuestros vecinos.

Reinserta existe para ver lo que nadie quiere ver. Para decir lo que incomoda. Y para trabajar, cada día, en devolverle algo de esperanza a esas vidas que el Estado olvidó desde antes de nacer. Reinserta existe porque hay consecuencias severas en nuestras infancias violentadas, consecuencias que hoy en México empezamos a ver pero que no dimensionamos la gravedad.

> Agradezco profundamente a la vida que me haya cruzado contigo, Mercedes Castañeda. Porque, aunque siempre bromeé diciendo que lo nuestro fue un segundo matrimonio, en realidad no estaba tan lejos de la verdad. Crear un proyecto de vida juntas, como el que construimos, no solo implica compromiso, entrega y pasión… también implica amor. Un amor que nace de la admira-

ción mutua, de la confianza a ciegas y de la convicción de que lo que estamos haciendo juntas, vale la pena.

Ser socias no siempre ha sido fácil. Nos hemos querido matar más de una vez —y eso lo sabemos bien— pero también hemos reído, llorado, resistido y celebrado de una manera que pocas personas pueden entender. Porque emprender en este país, con la urgencia y el corazón con el que lo hacemos, no es para cualquiera. Pero hacerlo en equipo… cambia todo.

Siempre he dicho que tú y yo somos el yin y el yang. Donde yo ardo, tú sostienes. Donde tú dudas, yo empujo. Tenemos fuerzas distintas, miradas distintas, pero una misma misión. Y eso lo hace todo. Gracias por elegirme, por confiar, por retarme, por no soltarme incluso cuando nos dolió seguir.

A quienes hoy leen este libro y sueñan con emprender, les dejo una sola recomendación: encuentren una persona que los complemente. Que tenga la misma intensidad y pasión que ustedes, pero que esté hecha de lo que a ustedes les falta. Porque construir algo con propósito no es una tarea individual, es una danza. Y cuando encuentras a tu pareja de baile correcta, todo —incluso lo difícil— se vuelve posible.

Gracias, Mercedes, por ser esa persona entrañable para mí.

4.
MÉXICO EN UNA BOLSA DE BASURA

Me gustaría compartir un caso que, sin duda, ha sido uno de los más difíciles de toda mi carrera. Uno que me llevó al límite, que me hizo cuestionarme por completo el por qué hago lo que hago, y que incluso estuvo a punto de hacerme abandonar este camino. Fue un caso que me confrontó con lo más oscuro del sistema penitenciario mexicano, con su impunidad, su deshumanización, su podredumbre. Ese caso fue el de Tadeo.

Todo comenzó una noche de enero de 2022. Estaba sola en casa, mi hija se encontraba con su papá y yo apenas comenzaba a salir con quien hoy es mi esposa. Había pasado un día más o menos tranquilo, hasta que recibimos en Reinserta un correo que traía adjunta una nota breve:

"Encuentran bebé muerto en penal de San Miguel, en Puebla." Mi particular en ese entonces, José Pablo, me reenviaba la noticia con un mensaje corto:

"Tienes que ver esto."

La primera reacción fue el desconcierto absoluto. Pensé que se trataba de una noticia falsa, de una exageración, o de un titular sensacionalista. Era tal el nivel de violencia que sugería que mi mente se negó a creerlo. ¿Un bebé muerto dentro de un penal? ¿Cómo era eso siquiera posible?

Supuse que se referían a un hallazgo fuera del penal, en la calle o en la entrada, tal vez en la explanada donde muchas veces hay basura acumulada. Ya eso me parecía inhumano, pero ¿dentro? No, imposible.

Tenía razones para dudar. A lo largo de mi trabajo en Reinserta ya había sido testigo de cosas que parecen sacadas de una novela distópica: secuestros dentro de penales, prostitución, peleas de gallos, corridas de caballos, antros dentro de celdas. Lo había visto todo, pero lo de un bebé muerto… eso superaba cualquier línea.

Llamé de inmediato a Mercedes y a José Pablo, quien vive en Puebla, para que nos ayudara a verificar si la nota era real. Él empezó a hacer llamadas y mover contactos. Mientras tanto, mi cabeza no paraba: "¿Cómo es posible esto? ¿Quién dejaría el cuerpo de un bebé ahí? ¿Quién podría hacer algo así?"

Era una noticia que no tenía lógica alguna. Me dolía. Me rebasaba.

> Desde el primer segundo, algo dentro de mí se resistía a creer. Mi mente se aferraba a la posibilidad de que fuera un error, una confusión, una mentira. Estaba esperando que en cualquier momento llegara alguien a decirme que todo se había malinterpretado, que no había tal

bebé muerto, que todo era una falsa alarma. Pero ese momento nunca llegó.

Porque sí, en efecto, había un bebé sin vida. Lo habían encontrado dentro de una bolsa de basura, en el penal de San Miguel. Tenía una cicatriz a lo largo del estómago.

En ese punto, decidí hacer algo que muchas veces me ha dado respuestas en momentos de incertidumbre: usé mis redes sociales. Puse una historia en Instagram, algo breve y directo:

"Si alguien del penal de San Miguel, en Puebla, me está leyendo, por favor, repórtense."

En menos de tres minutos, ya tenía cuatro mensajes de personas privadas de la libertad (PPL) confirmándome que la noticia era cierta. Me dijeron que el cuerpo del bebé había sido encontrado esa misma mañana, que ya habían ido las autoridades ministeriales a hacer los peritajes y el levantamiento del cadáver. Me describieron que llevaba al menos dos días en el contenedor de basura del reclusorio.

No podía creerlo.

Volví a escribir: "¿Estás seguro que fue dentro del penal? ¿Dentro, no afuera?"

La respuesta fue clara: "Sí, adentro."

La nota fue publicada por el portal local *E-consulta Puebla*, el 12 de enero de 2022. No traía muchos detalles, pero era clara:

"Encuentran cadáver de un bebé en bote de basura del penal de San Miguel."

Desconocíamos cómo se había filtrado. ¿Fue un custodio? ¿Un interno? ¿Alguien dentro de la Fiscalía? No lo sabíamos.

Lo único que estaba claro era que el gobierno de Puebla quería mantener la noticia en un perfil bajo, que nadie la supiera.

Como si esconderla la hiciera desaparecer.

Con los testimonios desde dentro del penal y la publicación de la nota por parte de *E-Consulta Puebla*, ya no había vuelta atrás. Era real. El cadáver de un bebé había sido encontrado dentro de un penal mexicano.

Nos reunimos en Reinserta. Mercedes, José Pablo y yo teníamos la información en la mano y sabíamos que si nos callábamos, estábamos siendo cómplices del silencio. Y ese silencio era profundamente peligroso.

Recuerdo ese viernes, 14 de enero de 2022, como uno de los días más tensos de mi vida. Nos preguntábamos:

"¿Debemos decir algo? ¿Nos corresponde hablar? ¿Nos creemos la información que hemos recibido? ¿Y si es falsa? ¿Y si estamos cometiendo un error irreversible?"

Pero había una verdad irrefutable: el cuerpo estaba ahí. Y el silencio de las autoridades era más escandaloso que cualquier error humano.

En Reinserta tomamos la decisión de publicar un comunicado oficial. No sabíamos todo, pero sabíamos lo suficiente como para no quedarnos de brazos cruzados. Ese día, a las 9:00 p.m., publicamos desde nuestras redes:

"El penal de San Miguel, ubicado en Puebla, es conocido por su autogobierno. Esta vez lo que se encontró en los botes de basura fue el cuerpo de un bebé de tres meses que fue asesinado al interior del penal cuando ingresó en una visita familiar."

Y seguimos:

"Desde Reinserta condenamos enérgicamente a las autoridades penitenciarias del Estado de Puebla, encabezadas por Miguel Barbosa Huerta (...), por este terrible asesinato y por su incapacidad absoluta de mantener el control de un penal en el cual pasó desapercibido el asesinato de este bebé."

No había forma de saber el efecto que iba a tener esa publicación. Pero el impacto fue inmediato. Horas después, todos los medios nacionales e internacionales ya estaban hablando del caso.

Recuerdo esa madrugada con precisión quirúrgica: a la 1:00 a.m. me desperté con fiebre, con la garganta cerrada y el cuerpo ardiendo. Me acosté en el piso del baño intentando regular mi temperatura. Apenas podía respirar.

Y aun así, sabía que a las 7:00 a.m. tenía una entrevista con Ciro Gómez Leyva, quien ya había abierto su noticiario con la nota.

"Saskia, ¿es cierto lo del bebé?"

"Sí, Ciro. Es cierto."

Horas después, me confirmaron lo que ya sospechaba: tenía COVID. El momento no podía ser peor. Estaba sola en casa, enferma, emocionalmente devastada, y con una tormenta mediática estallando en mis manos.

Mariel, con quien apenas estaba comenzando una relación, fue por mí y me llevó a hacerme la prueba.

Manuel, el papá de mi hija, me confirmó el diagnóstico. Y ahí, vi a mi hija a través del cristal de la ventana.

Puse la mano. Ella puso la suya. Y rompí en llanto.

En medio de esa vulnerabilidad física y emocional, seguí dando entrevistas. 20, 30 al día. Nacionales. Internacionales.

BBC Mundo publicó un artículo titulado: "Tadeo: el caso del bebé hallado muerto en un penal mexicano que conmocionó al país."

El País escribió: "Reinserta destapa el horror en San Miguel: un bebé con el abdomen cosido apareció en la basura del penal."

Animal Político y *Milenio* también comenzaron a seguir el caso, citando nuestro comunicado y pidiendo explicaciones al gobierno de Puebla, que hasta ese momento guardaba silencio.

Habían pasado 10 días de caos emocional, presión mediática y silencio institucional. ¿Quién era ese bebé?

No sabíamos su nombre. No teníamos certeza de nada. Solo teníamos un cadáver de tres meses con el abdomen cosido, tirado en un basurero dentro de una cárcel.

Ahí supe que el sistema estaba roto de raíz. Y que yo, como activista, ya no podía mirar a otro lado.

El caso había estallado. Las noticias no paraban, los medios me buscaban día y noche, y yo —encerrada con COVID, lejos de mi hija y de mi vida cotidiana— tenía que mantener la cabeza fría mientras el país entero hablaba de Tadeo.

Pero el momento que más me cimbró emocionalmente fue escuchar al entonces gobernador de Puebla, Miguel Barbosa, hablar de mí en una transmisión en vivo desde su cuenta personal. Lo hizo desde su cama, sin siquiera haberse bañado, con la cámara de su celular apuntando hacia su rostro ojeroso y descompuesto. Entre sus palabras, soltó una frase que se me quedó clavada:

"Le vamos a callar la boca a esa activista que cree saberlo todo. Que tenga cuidado."

Fue una amenaza. Una amenaza pública, abierta y directa.

Sentí miedo. No solo por mí, sino por mi hija, por mi familia, por la gente de mi equipo. ¿Hasta dónde podía escalar esto?

Ese día también me cayó como un balde de agua fría escuchar al Presidente López Obrador, en su conferencia mañanera, decir que el gobierno de Puebla ya estaba "atendiendo el caso" y que esperáramos su versión oficial. En ese momento supe que algo venía: un comunicado, una "verdad histórica", una narrativa oficial que intentaría silenciar lo que realmente pasó.

Efectivamente, horas más tarde, la Comisión Nacional de los Derechos Humanos (CNDH) —que hasta ese momento había respaldado el seguimiento del caso— anunció su retiro sorpresivo, sin dar explicaciones. Hablé con Hilda Téllez, comisionada y amiga, y me confesó que estuvo a punto de renunciar tras esa orden. Ella había apostado su integridad profesional para esclarecer la verdad, y ahora la estaban obligando a retirarse. Fue devastador. Todo apuntaba a que alguien de alto nivel —posiblemente Barbosa— intervino para frenar la investigación nacional.

La CNDH tenía no solo la facultad, sino la obligación legal de seguir el caso, ya que el cuerpo del bebé había sido trasladado de una entidad federativa a otra. Aun así, se retiraron.

¿Qué se negoció tras bambalinas? ¿Qué se acordó para que dejaran a un bebé sin justicia?

Yo me sentía sola. Vulnerable. Expulsada. Expuesta.

Tenía miedo real de que algo me pasara. Mis papás también lo sentían; recuerdo que mi papá se reunió con un presidente municipal cercano a Puebla y éste le dijo con franqueza:

"Dile a Saskia que tenga mucho cuidado. Se está metiendo con gente peligrosa."

Mientras tanto, cientos de mensajes llegaban de familiares de personas privadas de la libertad, contándome que los estaban torturando dentro del penal, que estaban golpeando a custodios y PPL por igual con tal de obtener información. El penal estaba sin policías porque encarcelaron a todos los custodios, y en su lugar pusieron a policías de tránsito. Sí, policías viales vigilando a PPL. El caos era absoluto.

Recibí múltiples videos, cartas, audios de familiares desesperados.

Pero en medio de todo eso, mi foco estaba claro:

Un bebé apareció muerto en un bote de basura dentro de un penal. Con el estómago cosido. ¿Cómo llegó ahí? ¿Quién lo metió? ¿Por qué?

No podía permitir que las narrativas periféricas, por legítimas que fueran, desviaran la atención de lo esencial. El caso de ese niño no podía desaparecer bajo el ruido político o institucional. No podía permitir que lo sepultaran bajo una "verdad histórica" construida para proteger a los culpables.

En esos días, también se cayó otra estructura de apoyo: la Comisión Nacional de Derechos Humanos se deslindó por completo, y dejó el caso en manos de la comisión estatal, que no hizo absolutamente nada. No hubo seguimiento, ni comunicados, ni acciones concretas. Nada.

Estaba cansada. Enferma. Dolida. Y con el corazón partido.

La respuesta fue dolorosa.

Decidí irme de México. Hice maletas y volé con mi hija. No podía arriesgarme más.

No quería morir.

No por esto. No así.

Estábamos en el día diez de esta pesadilla cuando sonó mi teléfono. Yo acababa de aterrizar fuera del país. Abrí mi celular y, como una tromba, empezaron a llegar mensajes, llamadas, alertas:

"¡Saskia, contesta! ¡Te busca la familia del bebé!"

Temblando, tomé la llamada. Me pasaron al papá.

Y entonces lo supe:

"El bebé que encontraron en Puebla es nuestro hijo. Se llamaba Tadeo."

Silencio.

Él me explicó que Tadeo había fallecido semanas antes por causas naturales. Que tenía una cicatriz en el abdomen producto de una cirugía por una insuficiencia renal. Que su esposa lo había visto en una entrevista mía en televisión, y algo en su corazón de madre le gritó que ese bebé era el suyo.

Fueron al panteón en Iztapalapa. La tumba de Tadeo había sido profanada.Su cuerpo robado.

Yo no podía creerlo. Sentí que el tiempo se detenía.

Rápidamente, movilizamos todo en Reinserta. Buscamos apoyo legal, protección, medios. Y mientras todo eso sucedía, tomé mi celular, entré a Twitter y escribí un mensaje que marcaría este caso para siempre:

"Yo no sé cuál es la *verdad histórica* que Barbosa va a decir hoy.

Pero aquí está la verdad real:

El bebé que apareció muerto en el penal de Puebla se llama Tadeo. Tenía tres meses.

Murió por causas naturales.

Su cuerpo fue robado de una tumba en Iztapalapa.

Y su familia acaba de contactarme."

— @saskianino, 21 de enero de 2022

Los medios explotaron. Todos querían hablar con la familia. Querían saber cómo fue que identificaron a Tadeo, cómo había salido su cuerpo de un panteón en CDMX y terminado en una bolsa de basura dentro del penal de San Miguel, en Puebla.

Me llamó Claudia Sheinbaum, entonces jefa de gobierno de la Ciudad de México. También me contactó Omar García Harfuch. Ambos, sin dudarlo, me ofrecieron protección para regresar a México.

Harfuch me dijo una frase que nunca olvidaré:

"Ésta es tu ciudad, y en tu ciudad no te va a pasar nada."

Gracias a ese respaldo, volví.

En retrospectiva, todo encajaba:

Tadeo tenía la cicatriz porque lo habían operado.

La Fiscalía de la CDMX no lo encontró en ninguna Alerta Amber, porque ya estaba muerto.

Lo que había pasado era que un grupo de personas —no sabemos aún quiénes exactamente— exhumaron el cuerpo, lo trasladaron a Puebla y lo ingresaron al penal de San Miguel con algún propósito aún hoy incierto.

Algunos testimonios señalaron que fue parte de un rito satánico, otros hablaban de desestabilizar al director del penal que no se había alineado con el crimen organizado.

Lo cierto es que los verdaderos responsables nunca fueron sancionados.

Las personas que hoy están presas por el caso no tuvieron nada que ver. Una injusticia sobre otra. Un crimen tras otro.

A partir del caso Tadeo se propusieron reformas para resguardar mejor los cementerios, sobre todo en CDMX.

La crítica era durísima:

¿Cómo es posible que exhumen un cuerpo de un bebé y nadie se dé cuenta?

También se endurecieron los protocolos de ingreso de menores a los penales, como si las leyes no hubieran existido ya.

El caso no cambió la ley, pero sí forzó a que se cumpliera.

Lo que me pareció digno fue que el gobierno de Sheinbaum no intentó silenciar el caso, al contrario: se activó, reaccionó y apoyó. Eso contrastaba con la actitud de Barbosa, que mintió, amenazó y buscó borrar la historia.

El caso de Tadeo me movió muchísimo.

Me hizo sentir vulnerable, expuesta, desconcertada y con mucho miedo.

Pero también me dejó rota.

No podemos permitir que casos así sigan pasando en México, no podemos permitir que exista tanta impunidad en el sistema penitenciario.

No podemos permitir que casos así ocurran nuevamente.

Ésa es mi meta, dignificar la vida y trabajar en la no repetición de los hechos.

5.
VOCES QUE EL SISTEMA QUIERE CALLAR

La inocencia en prisión es una realidad que como sociedad hemos decidido olvidar. Por esta razón y por los muchos casos que se presentan a *Penitencia* de personas inocentes acusadas de forma injusta surgió el proyecto Inocencia en prisión; si bien *Penitencia* es un podcast que da voz a personas privadas de la libertad, nos encontramos con casos que destacan por la ausencia de justicia. Así, aliados con Proyecto Libertad de La Cana, con el sector privado y abogados pro bono, creamos una plataforma para atender y denunciar los casos de inocencia en prisión.

Porque, al parecer, esta situación la vemos como una excepción, como algo que solo ocurre en las películas o en los documentales de Netflix. Nos indignamos cuando vemos *Duda razonable* o *Presunto culpable*, celebramos la liberación de Florence Cassez, "La Lore" o Israel Vallarta, pero rara vez nos preguntamos cuántos más siguen ahí, sin cámaras, sin abogados mediáticos, sin un país que los escuche.

Es triste saberlo, pero las historias de inocencia en prisión abundan en las cárceles mexicanas.

Las familias destrozadas y los sueños truncados están en cada rincón del sistema penitenciario. No solo no hemos creado una sola política pública que les reconozca o les repare, sino que ningún político ha querido defender esta causa. Peor aún: algunos, como Genaro García Luna, han lucrado políticamente fabricando culpables y construyendo narrativas que encubren impunidad con mano dura. En este país, la justicia no parte de la presunción de inocencia; aquí se es culpable hasta que se demuestre lo contrario, y para muchos eso nunca llega. Lo que sigue son historias que me han destrozado el alma, y lo seguirán haciendo mientras la justicia en México siga confundiendo verdad con conveniencia.

El caso de Dulce me sigue doliendo como si lo hubiera escuchado ayer.

Dulce era policía federal. Una mujer comprometida, íntegra, convencida de que su trabajo era servir a su país. Una de esas personas que creían —y con justa razón— en la justicia, en las instituciones. Y sin embargo, fue traicionada por el mismo sistema que juró defender.

Estaba embarazada de gemelas cuando fue detenida. Nunca supo con claridad por qué. Fue víctima de tortura para forzar una confesión. No le dieron abogado, no le dieron explicaciones, solo golpes y amenazas. Las torturas que sufrió le provocaron la pérdida de sus bebés.

Aun así, Dulce resistió. Fue procesada sin pruebas, sin testigos, sin evidencia concreta. La acusaron de robo agravado y secuestro exprés. Le dictaron una sentencia de 70 años.

Después de mucho tiempo y esfuerzo, logró que la absolvieran del delito de secuestro. Pero apenas saliendo del juzgado, fue aprehendida nuevamente por el mismo delito, ahora bajo una nueva causa. Arraigo, incomunicación, abuso de poder, revictimización. Casi doce años en prisión sin saber con certeza de qué la acusan.

A lo largo de su proceso, Dulce ha documentado las violencias que ha vivido. Ha interpuesto amparos. Ha presentado pruebas internacionales, incluso ha expuesto la violencia de género ejercida por la propia jueza que la condenó. Y aun así, ahí sigue. Esperando justicia.

La historia de Dulce nos muestra algo durísimo: ni siquiera los policías están a salvo del sistema penitenciario que tenemos en México. Si una mujer con formación, uniforme y la intención de hacer bien las cosas puede ser torturada, violada en sus derechos y abandonada por las instituciones, ¿qué queda para las demás?

Lo más doloroso es que, mientras casos como el de Dulce pasan desapercibidos o se tratan de esconder, el discurso público está plagado de frases como: "Estamos dignificando a la policía", "combatimos el secuestro", "luchamos contra la corrupción". Palabras vacías. Palabras que lastiman cuando ves lo que realmente ocurre en los penales.

> Porque en México, la realidad de personas inocentes privadas de su libertad es una de las manifestaciones más dolorosas de las fallas estructurales del sistema de justicia. Y es durísimo ver, día a día, cómo ingresan a las cárceles más y más personas a las que el sistema les dio la espalda, casos que oímos de primera mano gracias a mi podcast

> *Penitencia* y a la labor de Reinserta, y ésos son los casos que queremos visibilizar, casos que representa una historia donde el Estado falló: ignoró pruebas concluyentes de inocencia, violó principios de debido proceso y permitió que la injusticia se consumara.

Recuerdo, también, el caso de Ulises y Gerardo, payasitos de profesión.

Ulises y Gerardo se levantaron sin siquiera sospechar que ése sería su último día en libertad.

Ambos fueron a trabajar ese día como cualquier otro, prestando sus servicios de payasos para adultos, llegaron a la colonia donde habían sido contratados y desde el inicio sintieron que algo no estaba bien. Pocos minutos tenían de estar en el lugar cuando los intentaron asaltar dos jóvenes en motocicletas. Ulises y Gerardo apenas se salvaron, corrieron a una farmacia a pedir ayuda y poco después llegaron las patrullas, ¿la sorpresa? los oficiales iban acompañados de aquellos jóvenes que momentos antes habían intentado asaltar a Ulises y Gerardo quienes, irónicamente, los acusaron falsamente de intento de secuestro a la hija de uno de estos jóvenes, una menor de edad.

Ulises y Gerardo fueron sentenciados a 13 años y 9 meses de prisión, sin pruebas, sin testigos, sin investigación, sin justicia. Esto me partió el alma.

Este caso representa la actuación del Estado de derecho ante situaciones que pasan todos los días, ¿dónde quedó la duda razonable? ¿dónde quedó la presunción de inocencia? Ulises y Gerardo me contaron que el juicio fue una burla a los derechos humanos, pues nunca les brindaron defensa calificada, no hubo pruebas comprobables que vincularan a Ulises y Gerardo, la misma detención fue una violación enorme a los derechos más básicos. Pero en Nezahualcóyotl, que fue donde detuvieron a Ulises y Gerardo, nada de eso importó.

Cuando escuché la historia de Gerardo y Ulises, lloré. Lloré de rabia, de impotencia, de ese coraje que nace cuando el sistema le falla precisamente a quienes más se esfuerzan por salir adelante. Ellos no eran criminales. Eran trabajadores. Gente que se ganaba la vida con dignidad, con pintura en la cara y alegría en la voz, tratando de regalar sonrisas mientras juntaban lo justo para mantener a sus familias.

Ulises contaba chistes en las combis para ganarse unos pesos. Gerardo acababa de poner una pequeña empresa de payasos para fiestas infantiles. Esa noche tenían una presentación. Iban a dar un show. Pero lo que encontraron fue una pesadilla.

Fueron señalados por una familia vinculada a prácticas de extorsión. Y los medios —antes de cuestionar— prefirieron amplificar la nota amarillista, criminalizarlos desde el titular y alimentar la indignación pública. Para los reporteros fue sencillo: "payasos secuestradores". El morbo hizo el resto. A algún policía le pareció gracioso tomarles fotos caracterizados y difundirlas. La imagen se viralizó, y con eso su destino quedó sellado. A partir de ahí, todo el aparato judicial actuó para confirmar la narrativa mediática, no para buscar la verdad.

No hubo presunción de inocencia. No hubo defensa posible. Solo prejuicio y escarnio público. Gerardo y Ulises fueron condenados por un delito que no cometieron. Por ser pobres. Por ser visibles. Por no tener a nadie con poder para que los defendiera.

Su historia no solo exhibe lo podrido del sistema penal, sino también el papel cómplice —y muchas veces cruel— de los medios que olvidan que la verdad también es su responsabilidad.

> Hoy, Ulises y Gerardo, los "payasitos" no se rinden, siguen metiendo amparos y esperando tras las rejas una justicia que tal vez no llegue. Así es nuestro sistema penitencial.
>
> La prisión de un inocente no es un error menor: es una tragedia personal y social. Años de vida arrebatados, familias desintegradas, oportunidades truncadas y una profunda herida en la confianza ciudadana hacia las instituciones. Por ello, el acompañamiento que brindamos no solo busca revertir estas condenas injustas, también promover una transformación del sistema judicial que garantice juicios justos, revisión de procedimientos y mecanismos efectivos para prevenir y corregir errores judiciales.

Otro caso que me duele y me cuestiona ¿qué está pasando en México?, es el de Santiago, sentenciado injustamente de secuestro, ¿su verdadero "delito"?, estar en el lugar y el momento equivocado.

Santiago era una persona buena, un ciudadano ejemplar, así lo describen familiares, amigos y compañeros de trabajo, pero un 22 de junio de 2021 la vida lo puso justo afuera de un domicilio donde se encontraba una persona secuestrada, hablamos de Ecatepec, un lugar casi olvidado por la justicia.

Santiago fue al domicilio a suplir a su compañero de IZZI, donde trabajaba, porque habían reportado una falla en el servicio de internet. Santiago ni siquiera tenía que estar ahí ese día.

Lo que Santiago no sabía es que en ese momento, mientras él tocaba la puerta para realizar su trabajo, toda una familia estaba siendo secuestrada en su propia casa.

Llegaron las patrullas y se llevaron detenido a Santiago, por el simple hecho de estar afuera del domicilio.

Santiago no se rinde, porque a pesar de que el sistema le dio la espalda, él sabe que no hay pruebas en su contra, nadie lo ha identificado ni como partícipe ni como coautor de los hechos, las propias víctimas dicen no reconocer su cara ni su voz, y los verdaderos responsables declararon no haberlo visto nunca en su vida. Hay un testimonio de una víctima que dice que Santiago era un trabajador y nada más.

A pesar de todo, Santiago tiene una pena de 70 años. ¿Cuánta impunidad más vamos a soportar?

Está también el caso de Pablo, una persona más acusada injustamente de secuestro.

Al igual que Dulce, Pablo se dedicaba al cuidado de la ciudadanía, era guardia de seguridad en Polanco.

Pero, para el Estado, Pablo era un secuestrador, no importaba que no estuviera en el lugar de los hechos, Pablo fue detenido con otras 7 personas.

La empresa para la que trabajaba presentó una bitácora que comprobaba que Pablo trabajó las 24 horas del día la fecha en que supuestamente fue realizado el secuestro, después de eso fue a una fiesta familiar con su hermano gemelo y horas después aprehendido por elementos policiales que lo encapucharon y metieron con violencia a una camioneta con otras dos personas, para llevarlo al supuesto lugar de los hechos.

La identificación de Pablo fue realizada de forma deficiente: no existió un procedimiento formal ni se consideró que él tiene un hermano gemelo, lo que genera dudas razonables sobre su identificación plena. La única persona que presuntamente lo reconoció declaró haberlo hecho únicamente porque la policía lo señaló como responsable al momento de la puesta a disposición.

Y casos como estos hay cientos, tal vez miles, las cárceles están llenas de personas inocentes, personas que viven una vida como la tuya o la mía, que se levantan temprano a trabajar, a llevar a sus hijos a la escuela, a ganarse la vida en un México que hoy los puede encerrar sin ninguna prueba en contra, que para el Estado simbolizan solo una carpeta más.

Esas son las voces que *Penitencia* y Reinserta quieren hacer oír, para eso llevamos los micrófonos a las cárceles, pero a veces, como he dicho, a la gente le incomoda escuchar la realidad de un sistema penitenciario fallido.

Recuerdo que durante una investigación, llegó a nuestras manos lo que un interno había logrado grabar con una cámara oculta de lo que ocurría en el Reclusorio Norte. Se había infiltrado con lentes espía, documentando cómo operaban las extorsiones, cómo se vendía droga abiertamente, cómo funcionaba la economía carcelaria. A mí me dio miedo publicarlo. No sabía qué hacer con ese material. Pero Ciro Gómez Leyva sí se atrevió. Y lo respeto profundamente por eso.

Porque lo irónico es que mientras en la televisión mostraban a bandas delictivas capturadas y dentro de las cárceles como muestra de eficiencia institucional, los líderes de esas bandas seguían operando desde adentro, desde los penales, con impunidad. Ahí mismo negociaban extorsiones, vendían droga, coordinaban secuestros. Todo con la venia de las autoridades o, peor aún, con su participación directa.

Entonces, ¿de qué seguridad estamos hablando? ¿Qué clase de justicia es esa?

Para Mercedes y para mí, estos casos eran gasolina pura. Porque todo eso nos reafirmaba la urgencia de seguir visibilizando lo que pasa dentro del sistema penitenciario. Reinserta nació con la firme intención de incomodar, de visibilizar lo que se quiere ocultar, de romper el pacto de silencio que sostiene la impunidad en las cárceles mexicanas.

Y lo entendimos desde el inicio: esto no se trata solo de reinserción social, se trata de justicia, de dignidad, de derechos humanos. De dejar de tratar a las cárceles como la casa chica de la corrupción y empezar a verlas como lo que deberían ser: instituciones que garantizan la no repetición, que reparan el daño social, que dignifican incluso a quienes han fallado.

La historia de Dulce también nos enseñó que el monstruo del sistema no siempre está disfrazado de delincuente. Muchas veces el verdugo viste traje, lleva una placa, firma expedientes. La corrupción no es solo una sombra que se cuela por las rendijas del sistema; muchas veces, lamentablemente, es el sistema mismo.

Y por eso seguimos. Con coraje, con convicción, con claridad.

El caso de Cerpa es otro que me indigna y me llena de rabia. Él era un hombre trabajador: taxista de día, mecánico de oficio, y voluntario por convicción. Una noche, mientras ayudaba a controlar el tráfico tras un accidente, la policía se llevó su taxi. Al acudir a la delegación para recuperarlo, su vida cambió para siempre: fue acusado de un asesinato que no cometió.

Sin pruebas sólidas, sin testigos que lo señalaran, sin siquiera saber de qué lo acusaban exactamente, fue incomunicado durante dos días y condenado a 45 años de prisión. Lleva más de quince años tras las rejas, pagando por un crimen ajeno. Su historia no fue investigada; su palabra nunca fue escuchada.

En otro extremo de esta tragedia está Víctor, un asaltante que fue detenido tras un fallido robo que terminó con la muerte de un comandante de policía. Gravemente herido durante el enfrentamiento, fue acusado de haber utilizado el taxi de Cerpa para cometer el crimen, aunque nunca se habían visto. Desde el primer momento, Víctor ha insistido en la total inocencia de Cerpa, declarando que actuó solo y que Alejandro Cerpa jamás tuvo relación con lo ocurrido.

A pesar de su testimonio, las irregularidades, la corrupción y una investigación superficial bastaron para condenar a ambos. Hoy, Cerpa sigue preso, víctima de un sistema que prefiere cerrar casos que buscar la verdad, que castiga más la ignorancia y la pobreza que el crimen mismo.

Y lo peor es que cuando solicitamos el indulto presidencial para Alejandro, la respuesta que obtuvimos —otra vez, confirmada por fuentes internas— fue: "No le vamos a dar protagonismo a Saskia." Como si todo se tratara de mí. Como si el destino de un hombre inocente fuera menos importante que el orgullo político.

Su historia es una de las muchas que demuestran que en México, ser inocente no basta.

6.
ELIJO SOLO AMOR Y LIBERTAD

"Nuestra lucha no es por tolerancia, es por dignidad."
Tamara Adrián

Salir del clóset es un tema muy complicado porque, hasta la fecha, no tengo una razón específica de por qué me costó tanto trabajo hacerlo. Tenía todo para ser libre desde una edad muy temprana, y por alguna razón —de manera inconsciente— decidí vivir como una mujer heterosexual durante buena parte de mi adolescencia y juventud.

Esta historia es difícil de contar porque estamos acostumbrados a que haya una explicación clara de por qué no salimos del clóset. Normalmente se relaciona con venir de una familia conservadora o religiosa, con contextos culturales que no aceptan la diversidad, o con el miedo real de perder a las personas que más queremos.

Muchas personas LGBTQ+ comparten pensamientos como:

"¡Me van a matar!"

"No me van a aceptar."

"Estoy en contra de todo lo que me han inculcado."

"Esto es algo que la sociedad ve como incorrecto."

"Mi familia nunca lo entenderá."

"Qué van a decir mis amigos y compañeros de escuela/trabajo/grupo."

"No diré nada, nadie lo va a enteder."

Algunas crecieron escuchando frases como: "Es una aberración que los niños tengan dos mamás o dos papás", o comentarios que, disfrazados de cariño, en realidad están cargados de miedo: "No es que no te acepte, pero me da miedo que te hagan sufrir."

Yo no tuve nada de eso.

Recuerdo la primera vez que me enamoré de una mujer. Tenía 15 años y fue una de las experiencias más hermosas y genuinas que he vivido. Con los años comprendí que la sexualidad es de lo más natural del mundo, no se escoge y pretender cambiarla es absurdo; quienes se aferran a cambiarla solo expresan gran ignorancia y ausencia de empatía. Pienso que es importante hacer una introspección profunda para ser la persona que quieres y elegir a quien te gusta, te atrae, pues al final de cuentas lo más importante es vivir plenamente, feliz y en libertad. Hoy estoy más que convencida de que la lucha por nuestros derechos y respeto no solo es por tolerancia, es por dignidad.

A mí me tomó un poco más de tiempo entenderlo.

Con el tiempo, empiezas a crecer y madurar. Empiezas a ver aspectos que no tienen nada que ver con el sexo o la orientación sexual, pero sí con el estilo de vida que llevas, con los valores que te inculcaron y con tus creencias. A medida que crecemos, le añadimos capas al amor: expectativas, responsabilidades, miedos... y eso lo hace menos puro.

> El amor que se vive en la adolescencia es una de las cosas más hermosas de la existencia, porque aun estamos descubriendo nuestra identidad y se presenta como un sentimiento puro, intenso, incondicional, sin más obligación que la de sentir, ser y existir. Es un amor de entrega inolvidable y sincero.

Y así fue con Alejandra para mí.

Antes de los 15 años, no me cuestionaba mi sexualidad. Eran cosas que simplemente no estaban en mi cabeza. Ahora, viéndolo en retrospectiva, sí era más masculina: odiaba usar vestidos, por ejemplo. Había muchas "señales" desde que era chiquita, pero nunca me significaron nada. Y, dado que mis papás siempre fueron muy comprensivos y abiertos con mi sexualidad —ellos solo buscaban mi felicidad—, no fue algo a lo que yo prestara demasiada atención.

Fue hasta que Alejandra me tomó de la mano por debajo de las cobijas que entendí que me gustaban las mujeres.

Sentí todo. Y más.

Alejandra fue una historia muy dura, porque estábamos muy chicas cuando nos enamoramos. Yo logré decirles a mis papás lo que pasaba, especialmente a mi mamá. Irónicamente, tengo el recuerdo clarísimo de estar físicamente dentro del clóset de mi cuarto, confesándole que estaba enamorada de una niña y que éramos novias. Me acuerdo del olor del clóset como si fuera ayer. Fue un momento de mucha vergüenza para mí. Mi mamá me dijo: "Mi amor, está bien, no pasa nada. Lo que te guste está perfecto." Fue la respuesta soñada por cualquier persona que vive algo así. Fue hermoso, porque nunca fui juzgada ni estigmatizada. Mis papás siempre fueron un espacio seguro para ser libre y feliz.

Con los años, he visto familias romperse por la orientación sexual de sus hijas o hijos. Padres que prefieren enterrar en vida a sus hijos antes que aceptarlos como son. El daño que ha causado la sociedad conservadora y la religión en este aspecto es brutal. No hay nada más doloroso que ver que las personas que más deberían cuidarte, son las primeras en herirte. No hay nada más complejo que tener que construir una nueva familia, no por elección, sino por obligación. No entiendo qué creencia puede ser tan poderosa como para destruir el amor familiar. ¿Qué puede ser tan grave en amar con libertad? ¿Qué puede tener de malo amar, que tantas personas prefieren quitarse la vida antes que decirles a sus papás quiénes son?

Sin embargo, mi historia con Alejandra fue muy complicada. Aunque mi familia aceptó nuestra relación sin ningún problema, la suya prohibió absolutamente todo. Para ellos, tener una hija lesbiana era lo peor que podía pasarles. Lo irónico es que se trataba de una familia supuestamente liberal, muy abierta, una familia tolerante que gustaba de convivir y entender como era cada persona. La mamá de Alejandra se presentaba como buena onda, excéntrica, rodeada de hombres gay. A nuestros ojos, era la mamá "cool". Por eso jamás imaginé su reacción: "Tienen prohibido estar juntas."

Fue devastador. En esa época —2002, 2003— no existían redes sociales, no había forma de comunicarse como ahora. No podíamos mandarnos mensajes, ni llamadas privadas. Nuestro mundo se volvió clandestino.

Yo ya había sido víctima de abuso sexual en la infancia, por parte de Guillermo, un jefe de seguridad que trabajaba en mi casa. Él se dio cuenta de lo mucho que me importaba Alejandra, y que no podía verla. Entonces encontró la manera de manipular la situación para ser la llave de esos encuentros. Aunque yo ya había logrado poner cierta distancia —alguien siempre tenía que estar presente cuando él estaba conmigo—, cuando me ofreció la oportunidad de ver a Alejandra a escondidas, accedí, sin dimensionar el precio.

> No entendía que mi agresor estaba ejerciendo una manipulación total. Guillermo me acercaba a lo que más amaba, pero me cobraba por eso. Él era el intermediario, y ese "favor" tenía un precio. Nunca dejó de abusar de mí. Solo que ahora usaba mi amor como moneda de cambio. para mi mala fortuna, estaba en manos de un pedófilo.

Recuerdo una ocasión en la que organizamos vernos en el consultorio de mi terapeuta. El escolta de Alejandra accedió, pero con la condición de que fuera yo sola quien la llevara. Guillermo fue quien me acompañó. Yo no veía más allá de la ilusión de verla, aunque fueran cinco minutos. Pero eso implicaba estar sola en el coche con mi agresor. Un verdadero infierno.

Nos escribíamos cartas a mano. Yo las entregaba a través de Guillermo, y ella a través de su escolta, "El Oso". En esas cartas quedó plasmada la historia de amor más bonita que una adolescente puede vivir. Un amor clandestino, pero libre, en el que solo importaba sentir, amar, desear la felicidad más grande a la persona anhelada. Nos pertenecíamos en un mundo donde no se nos permitía existir juntas.

Recuerdo una vez que pasaron tres meses sin vernos. Alejandra había sido castigada porque su hermana, que también nos hizo la vida imposible, nos vio abrazarnos en un antro. Apenas nos vimos y ella lo supo, la sacaron por la puerta trasera como si fuera una escena de película. Nos alcanzamos a abrazar y a decirnos "te amo" entre la música.

Después de eso, Alejandra fue castigada y enviada a Valle de Bravo. Al mes, recibí una carta suya, a través de "El Oso". Me citaba en la explanada del municipio a una hora específica. Iba a llevar a sus hermanas por un helado. Sin pensarlo, acepté. Guillermo fue quien manejó durante más de dos horas para llevarme. Cuando llegamos, ni siquiera pude acercarme. Ella estaba con sus hermanas, rodeada de adultos. Solo pudimos mirarnos. Yo, sentada en una banca; ella, comprando helados. Nos vimos unos minutos... luego se subió a su camioneta, y se fue. Yo, con lágrimas en los ojos, volví a casa.

Ese día entendí lo que era un corazón roto.

Alejandra fue una niña increíble, pero cayó en manos terribles. Ella ya venía de una historia difícil, y la familia que la adoptó terminó por abandonarla. Ésa es su historia y a ella le corresponde contarla. Pero eso nos separó. Su hermana, Fran, fue quien más nos lastimó. Iba en mi escuela y se dedicó a hacerme la vida imposible. Durante ese año, perdí a casi todas mis amigas. Fran era hija de la mamá "cool", la que nos dejaba salir, tomar, fumar. Literalmente dijo: "O ella o yo." Y claro, todas eligieron a Fran.

Me quedé sola. Era la única en mi generación que se atrevía a salir del clóset públicamente, y eso trajo bullying, rechazo, exclusión. Pero entonces apareció Miguel Guerrero y Alejandro Rossete, mis ángeles. Ellos me arropaban, me aceptaban sin condiciones. Me dejaron ser. Me dieron consuelo. A los 15 años, pertenecer, encajar, ser aceptada... todo eso importa demasiado. Ellos me enseñaron el valor de la amistad real, incondicional. Gracias a ellos, hubo luz en medio de esa oscuridad.

Alejandra se quedó como un recuerdo precioso. Hoy sé que ese amor fue una gran ilusión, fue ingenuo, adolescente, impulsivo. Pero también sé que nadie debería prohibir ese tipo de amor a los 15 años. El amor consensuado es lo más bonito que existe, y nunca voy a dejar de defenderlo.

> Debo mencionar que hay más mujeres que me han marcado y me han acompañado para ser la mujer convencida que ahora soy, pero no las menciono porque aún siguen dentro del clóset y si algo he aprendido en la vida es que debemos respetar los procesos de cada persona y que no hay nada más cobarde y agresivo que exhibir a alguien que aún no está lista para salir.

Hoy, cuando pienso en esa época, pienso en lo que quiero para mis hijos. Quiero acompañarlos, apoyar sus decisiones, y que jamás crean que amar está mal. Ayer, mi hija Pía me preguntó: "Ma, ¿qué es el clóset?" Me di cuenta de que nacemos inocentes, puros. Es la sociedad la que nos llena de prejuicios. La que nos hace dudar de nuestros sentimientos más honestos. Si algo hicieron mal quienes nos juzgaron a Alejandra y a mí, fue juzgar un amor hermoso.

Amo la vida que tengo hoy. Amo a Mariel. Amo a mis hijos, Pía y Piero. Pero Alejandra fue lo más bonito, más puro que sentí en mi adolescencia. Y salí del clóset con una fuerza brutal, en pleno 2002, cuando no era como ahora. Eso siempre será un motivo de orgullo. Mis hijos quizá nunca entiendan el nivel de homofobia que se vivía entonces. Pero quiero que crezcan sabiendo lo afortunados que son por tener una familia donde su felicidad siempre será lo primero.

Mariel y yo siempre velaremos por eso. Ésa es su única obligación con nosotras: ser felices.

La relación con Alejandra duró poco, apenas un año. Y con todo lo vivido, de manera inconsciente, regresé al clóset. Me enamoré perdidamente de un niño: Diego, quien terminaría por definir lo que entendí como amor durante los siguientes ocho años.

A Diego lo recuerdo con muchísimo cariño. Me enamoré genuinamente de él. Fue como presionar "pausa" en mi identidad. Viví una adolescencia aparentemente "normal": él era el capitán del equipo de soccer, salía con mis amigas y amigos, patinaba sobre hielo… Vivía sin conciencia, en lo que parecía una adolescencia plena e irresponsable. Tal como me tocaba vivirla en ese momento.

Volver al clóset fue completamente inconsciente. Nunca quise vivir una mentira, ni ocultar mi esencia. Pero durante muchos años me juzgué duramente por no haber sido leal a mí misma. La terapia me ayudó a entender que no fue cobardía, sino una forma de refugiarme del dolor que había significado salir del clóset tan joven. Lo que viví con Alejandra me dolió tanto, que una vida "tradicional" me pareció un lugar más seguro.

Durante muchos años no hubo mujeres en mi vida. Era como si todos supieran que era lesbiana, menos yo. Una de las múltiples veces que terminé con Diego, conocí a una niña: Natalia.

Ella fue un antes y un después. Un amor que sacó lo mejor y también lo peor de mí. Su amor fue inmediato, directo, generoso. Y me enfrentó con lo más cobarde que había en mí. Natalia fue un espejo de lo que yo no me atrevía a ser. Para cuando apareció, mi trauma ya se había instalado y la idea de amar libremente no era una opción real para mí. Definirme como mujer que ama a mujeres me generaba terribles náuseas. Y cada vez que con Natalia intentábamos formalizar algo, yo huía, llevándome su corazón en el proceso.

Recuerdo que cada vez que algo romántico sucedía entre nosotras, al día siguiente dejaba de contestarle. O salía con algún hombre. Los hombres se convirtieron en mi refugio para no aceptar lo que era evidente.

Salir del clóset fue imposible para mí en esa etapa. Y eso dejó un dolor profundo. No entendía por qué aquella Saskia de 15 años desapareció. Me preguntaba por qué no tuve la fuerza de vivir más libremente, de haberme sido fiel. Hoy no creo en el arrepentimiento ni en el "hubiera". Creo que actuamos siempre con las herramientas que tenemos en el momento. Es fácil mirar al pasado desde la madurez y juzgarse. Pero eso no es justo.

Hay muchas razones por las que no salí completamente del clóset en mi juventud. Las he trabajado en terapia y con el tiempo he encontrado paz. Pero una de las razones más importantes —y que a veces olvidamos— fue la ausencia total de representación.

Hoy, a mis 36 años y mientras escribo este libro, lo veo con claridad: no había modelos, no había ejemplos. Cuando pienso en Alejandra y en la prohibición de nuestra relación, recuerdo que, al mismo tiempo, Ellen DeGeneres, la única mujer famosa que había salido públicamente del clóset, estaba siendo despedida de su programa. Fue "baneada" de Hollywood. Tenía el show más visto y aun así, por decir "soy lesbiana", se le cerraron todas las puertas. Regresó años después, en *Buscando a Nemo*, prestando solo su voz —un acto muy simbólico: "Sí puedes participar, pero que no te vean."

El mensaje era claro: no queremos ver mujeres masculinas. No queremos diversidad. No queremos realidades distintas. Otras mujeres, como Whoopi Goldberg, también eran lesbianas, pero no lo decían públicamente. Ellen fue la única que alzó la voz. Y eso le costó muchísimo. Las "machorras" no estaban permitidas.

En esos años, *The L Word* era la única serie con representación lésbica. Y verla era casi un delito. La poníamos en secreto, en nuestros cuartos, con culpa.

Por eso hoy defiendo con fuerza la visibilidad. Porque la representación importa. Porque mientras haya niños que prefieran quitarse la vida antes que decir quiénes son, quienes vivimos en libertad no podemos callarnos.

Sí, eso me ha traído problemas. Mucha gente quisiera que fuéramos "discretas", "silenciosas", "tradicionales". Pero no. No pienso esconderme. Creo en una vida en libertad y en verdad.

Volviendo a Natalia. La conocí en un antro. Una amiga en común nos presentó y yo, incómoda, le reclamé: "¡Betina! Te dije que mujeres no." Claramente ella veía algo en mí que yo no quería ver. Y fue amor a primera vista. Nuestra relación fue increíble, pero también muy destructiva. No por ella, sino por mí. Yo seguía con novios y pretendientes, mientras salía con Natalia. Si me daba un beso con ella, al día siguiente salía con un hombre. Era como si tratara de borrar lo que había sentido. Me convertí en una versión de mí muy negativa que me cuesta trabajo reconocer.

En un momento, ambas teníamos pareja. Ella estaba con una chica chilena, yo con un novio. Jugábamos a ser amigas, pero no lo éramos. Yo moría de celos. Hacía todo para reconquistarla, aunque no tuviera el valor de quedarme. Era egoísta, tóxica, inmadura. Me duele haber sido injusta con ella.

Actué de forma muy violenta y destructiva. Nunca con intención, pero sí con muchas heridas sin sanar. Me he tenido que perdonar por lo que fui. En ese momento, no tenía las herramientas para afrontar lo que sentía.

La homofobia internalizada me fue carcomiendo. Entre más entendía que lo de Alejandra no había sido una etapa, sino una realidad, más me odiaba. No quería ser una mujer que ama a mujeres. ¿Por qué? No lo sé.

Quizás ahora cuento la historia de Alejandra como algo hermoso, porque lo fue. Pero también fue la etapa donde más sufrí. Me rogaron que cambiara de escuela por el bullying. Y mi mayor cómplice fue, sin saberlo, mi agresor. Es durísimo decirlo, pero hoy lo entiendo: entré a un mundo muy peligroso, lleno de emociones, contradicciones y abusos.

Recuerdo a una niña llamada Saskia, como yo. Estudiaba en el Vista Hermosa. Nunca la conocí, pero me contaban que se molestaba muchísimo porque la confundían conmigo. Le decían: "¿Qué onda? ¿Tú andas con una mujer?" Y ella se enfurecía. No quería ser "Saskia la lesbiana", ella era "la otra Saskia".

Cuando lo veo así, entiendo que mi identidad estuvo marcada desde el inicio por el dolor, el rechazo y el miedo. Aislarme en un amor prohibido. Perder amistades. Tener como único cómplice a mi agresor sexual. Y todo eso, a los 15 años.

Afortunadamente, tuve una familia atea. Y eso, hoy más que nunca, lo valoro. No creer en Dios nos alejó de ciertas ideas que pueden ser destructivas. En casa no había religión, y eso permitió que fuéramos libres, se nos inculcaba el respeto, la tolerancia y sabíamos que cada persona podía creer en lo que quería; nosotras vivíamos sin los juicios que tantas veces se esconden tras templos, iglesias o mezquitas.

Siempre soñé con la vida que tengo ahora. Al escribir estas líneas, tengo a mi lado al amor de mi vida: Mariel. Y dos hijos maravillosos: Pía y Piero, que me enseñaron lo que es el amor más puro e incondicional. Sé que algún día leerán este libro, y sabrán un poco más de quién es su mamá. Ése es el propósito.

Estoy feliz. Siempre quise estar casada con una mujer, tener una familia. Estar con Mariel es increíble. Ella no solo es mi amor, es una mujer completa: la que admiro, la que elijo, la que me enseña todos los días. Me siento profundamente honrada de vivir la vida con ella.

> Alguna vez le dije a Mariel que la amaba más que a cualquier otra cosa en el mundo. Me respondió que yo amaba más a nuestros hijos. Y le dije que no. Mariel es la pareja que elijo para siempre. Mis hijos se irán algún día a hacer sus vidas. Mariel y yo seremos quienes permanezcamos. Mis hijos tienen mi amor y lealtad incondicional. Pero Mariel… ella es mi vida entera.

Veo hacia atrás y reconozco que salir del clóset fue doloroso. Fue una salida entre uñas, llanto, miedo y culpa. Fue un proceso largo, lleno de errores y también de luces. He tratado de reparar los daños. Con Natalia, por ejemplo, viajé a Barcelona y le pedí perdón. Le agradecí por el amor que me dio. Fue un acto de cierre, de madurez. Ambas crecimos, y me siento agradecida de que ella formara parte de mi historia.

Natalia fue un respiro dentro de una tormenta. Me recordó lo bonito que puede ser el amor entre mujeres, incluso cuando una de ellas aún no sabe cómo aceptarlo.

> Nunca imaginé estar en la portada de una revista como parte de la comunidad LGBTQ+. Nunca imaginé que mi boda estaría en los periódicos o que mi familia se volvería un referente en México como familia lesbomaternal, esto me llena de felicidad y me permite asumir cabalmente el compromiso de llevar a mis hijos por un camino de libertad, comprensión, respeto, donde siempre se acepta el pensamiento de los demás.

Todo eso pasó. Y pasó porque el amor no se esconde. Cuando conocí a Mariel, algo en mí se alineó. Me sentí completa, acompañada, feliz. Por eso la primera vez que salí públicamente me sentí con toda la fuerza para hacerlo.

No fue un acto de valentía por obligación, fue un acto de amor profundo. Me sentí lista. Era tan bonito lo que estábamos construyendo que no había nada que ocultar.

Y aunque hubo críticas, también hubo orgullo. Porque lo que se hace desde el amor siempre encuentra su lugar. Porque nuestra familia es real, es válida, es fuerte. Y porque contar nuestra historia también es una forma de abrir camino para muchas otras.

7.
APRENDO DE LA FRACTURA... Y AVANZO

Al poco tiempo de tomar una decisión tan importante en mi vida me dije: "Separarme de ti no fue dejar de quererte. Fue empezar a quererme sin miedo." Porque no fue nada fácil, pasaron muchas cosas y tuve que demostrar valor y convicción para dar otros pasos significativos en mi vida.

Porque es muy doloroso divorciarte de la persona con la que construiste la mayor complicidad hasta ese momento.

Fue muy duro saber que estaba perdiendo a mi mejor amigo, y que aun así tenía que salir adelante. Qué fuerte es tomar la decisión de dejar a alguien a quien quieres tanto, pero en donde sabes, con claridad, que ya no es tu lugar.

Quiero compartir una parte muy dolorosa de mi vida que, al mismo tiempo, me abrió las puertas para encontrar la felicidad al lado de quien hoy es mi esposa. Este capítulo está dedicado a Manuel, mi exesposo. A pesar del divorcio y de los momentos difíciles, hoy somos muy buenos amigos y estoy eternamente agradecida con él pues a pesar de que co paternar con tu ex puede parecer un acto titánico, con Manuel las cosas siempre han fluido desde el amor incondicional que le tenemos a nuestra hija. Siempre ha predominado el amor en este proceso tan complejo..

Conocí a Manuel en una cabina de radio. Fue amor a primera vista. Pero más que amor, fue incondicionalidad.

Algo que muchas veces no se dice de quienes hemos vivido en el clóset es que aprendemos a vivir el amor desde otro lugar: desde lo racional. Y aunque puede sonar a cliché, el amor se vive de muchas formas. Amar tiene que ver con nuestra personalidad, nuestra capacidad de resiliencia, nuestra paz interna. Amas conforme te sabes amar.

Muchas personas quieren entender el clóset a través de etiquetas: lesbiana, bisexual, heterosexual. Como si esas fueran las únicas posibilidades. Pero no es así. A veces, simplemente no te defines. Porque definirte es un proceso emocional, y no todos llegamos ahí al mismo tiempo.

Cuando conocí a Manuel, reprimía mis sentimientos hacia las mujeres. A veces tenía pequeños momentos de respiro, como con Natalia, pero en general era un tema que guardaba muy dentro de mí. Vivía mi vida como si ese secreto no existiera.

Confieso que salir del clóset me aterraba. Y preferí, de manera inconsciente, quedarme en lo que yo —equivocadamente— pensaba que era una zona de confort. Aunque de confort, no tenía nada.

Amé profundamente a Manuel. Le di todo lo que yo pensaba que era amor en ese momento. Hoy, con más perspectiva, entiendo que era un amor más funcional y racional.

Con Manuel, el amor era como el que se tiene por tu mejor amigo. Puedo decir que fue un sentimiento muy hermoso que me enseñó la lealtad y el ser incondicional. Un amor que me demostró que las relaciones tienen muchas etapas y que acompañarse y vivir libremente con amor y respeto es de lo más importante para disfrutar la unión.

El amor que te pone estrellas fugaces en el estómago, el que no te deja respirar, ese amor me llegó después, con Mariel.

Con Manuel, construí una relación muy armónica. Tenía sentido. Éramos cómplices profesionales, salíamos y conquistábamos cada lugar al que íbamos, crecimos mucho juntos. Teníamos conversaciones infinitas. Recuerdo nuestra primera cita: fuimos a Puerto Madero, en Masaryk. Llegamos a las 2 de la tarde... nos fuimos a la una de la mañana y esas sobremesas se volvieron eternas en el Brassi o en cualquier lugar que frecuentáramos.

Divorciarme de Manuel fue aceptar que mi mejor amigo se alejaría de mi, y aunque había un cariño inmenso, las cosas serían distintas. No fue solo el fin de una relación romántica; fue el duelo de una de las personas más importantes en mi vida. Y traté con todas mis fuerzas de rescatar nuestra amistad, de encontrarnos desde otro lugar.

Nuestra relación fue bonita, sí, pero también estaba marcada —inconscientemente— por la falta de un afecto creciente. Con el tiempo, tanto Manuel como yo comenzamos a ocuparnos de caminos distintos. Él se fue alejando y yo, en lugar de reclamar esa distancia, empecé a reconocerla como el reflejo de que nuestros valores y prioridades ya no coincidían. Más que una ausencia unilateral, fue un distanciamiento mutuo que hizo evidente que nuestra relación se sostenía cada vez menos en lo que compartíamos.

> El enojo suele convertirse en una herramienta útil durante un divorcio. Nos ayuda a esconder el verdadero dolor. Manuel y yo hicimos un enorme esfuerzo por divorciarnos sin enojo. Por Pía, nuestra hija. Y, en su mayoría, lo logramos. Hubo momentos difíciles, claro, pero salimos adelante. Estoy convencida de que Pía recordará su infancia como una etapa feliz, donde sus papás —a pesar del divorcio— siempre se llevaron bien.

He visto muchísimas familias que disfrazan la tristeza con odio. Y en el camino arrastran a sus hijos con ellos. Qué difícil es, pero qué importante también, recordar que lo único que realmente importa en un divorcio son los hijos. Y es muy triste saber a cuántos se les olvida.

Desde que nació mi hija, todo cambió. Me vinculé de forma brutal con un ser humano cuya existencia dependía de mí. Y su desarrollo, su integridad, dependían también de que me viera plena y auténtica. Me preguntaba con frecuencia: "¿Cómo le voy a hablar a mi hija del amor si yo no lo estoy viviendo de manera auténtica?"

La noche antes de que naciera Pía, Manuel tenía una cena con amigos en casa. Me senté en el baño, con mi enorme panza, nuestros perros Ema y Wendy cerca… y tuve un momento de nostalgia. Pensé: "¿Qué hice? Mi vida como la conozco se acabó." Me estaba despidiendo de una etapa. Intuía lo que vendría al día siguiente, cuando Pía llegaría al mundo. Y así fue.

Recuerdo que me metí a bañar. Manuel subió, preocupado, y le dije: "Estoy bien. Mañana nace Pía, mejor me voy a dormir." Él no me creyó. Pero al día siguiente, en la revisión de rutina… ya no salí del hospital.

Hoy entiendo que lo que sentí esa noche era una especie de duelo. Porque tu vida cambia para siempre cuando nace tu primer hijo. Te vuelves vulnerable por sentir un amor tan profundo, tan frágil. Pía fue mi impulso. Ella me obligó a encontrarme. A ser auténtica. Y por eso, siempre le diré: "Sé libre, sé feliz. Ama sin etiquetas. Todo lo demás da igual."

La historia con Manuel fue a veces difícil, sí, pero también maravillosa. Fue alguien que me empujó a creer en mí. Que me hizo ver mis capacidades emocionales y profesionales. Me sacó de una burbuja en la que no me sentía suficiente. Gracias a él, muchas puertas se abrieron.

Escribo esto cuatro años después de haber terminado. El día que firmamos el divorcio, ya llevábamos dos años separados. Fue simbólico. Llegamos al juzgado ya sanos. Nuestra abogada, a quien le tengo mucho cariño, se sentó de un lado. Manuel y yo, juntos, del otro. La jueza se frustraba porque nos soplábamos las respuestas. Se notaba que había complicidad.

Lo más poderoso de ese día fue que no había rencor. Solo cierre. Mucha nostalgia, sí. Pero también orgullo. Supimos construir una historia donde el amor cambió de forma, pero nunca desapareció.

Honor a quien honor merece: Manuel ha sido un padre excepcional. Se despierta todos los días para venir a mi casa, ayuda a vestir a nuestra hija y juntos la llevamos al camión que la recoge para llevarla a la escuela y la despedimos. Ha priorizado a Pía una y otra vez. Y cuando se ha equivocado, ha reparado. No desde el ego, sino desde el amor.

Después del juzgado, lloré toda la tarde. Fue un duelo. Un duelo real. Pero en medio del llanto, me hice una promesa: *No quedarme con lo negativo*. Elegí recordar los buenos momentos. Y transmitirle a mi hija una historia de amor, aunque haya tenido un final.

Manuel y yo acordamos esforzarnos para no darle a Pía momentos de conflicto o de guerra entre nosotros; buscamos que ella no sufriera las consecuencias por la separación de sus papás biológicos.

Separarme fue durísimo. Tenía culpa. Me costó separar el divorcio de mi sexualidad. Pero entonces mi mamá me dijo algo que me liberó:

"Amor, tu sexualidad no tiene nada que ver con que estés con la persona equivocada. Aunque fueras la mujer más heterosexual del mundo, tampoco estarías con Manuel."

Esa frase me dio paz.

Cuando decidí separarme fue una noche de abril del 2020, en Acapulco. Bebíamos gin tonics en la alberca. Pía dormía. La pandemia recién comenzaba. Y yo acababa de leer *Untamed* de Glennon Doyle. Ese libro fue una revelación. Lo leía al amanecer, llorando, sola, con el mar de fondo. Glennon contaba cómo una amiga le dijo:

"Tus hijos merecen una mamá feliz. Una mamá realizada. Porque si no, van a repetir tu historia."

Y ahí lo supe: *Mi matrimonio tenía que terminar.* Tenía que hacerlo, no por enojo ni por traición, sino porque ya no éramos compatibles.

Le dije a Manuel: "Necesito separarme. Lo hago por el bien de mi hija." Y él, con respeto, me respondió: "Desde que nació Pía, entendí muchas cosas. Respeto tu decisión."

Gracias a él, mi hija tiene un papá que respeta a las mujeres. Pero también entendí que yo merezco ser amada por alguien que ya sabe hacerlo, no alguien que tuvo que aprenderlo en el camino.

Fuimos construyendo esa separación con respeto. No hubo guerra. Solo transformación. Acordamos todo con amor: la custodia, los horarios, la convivencia. Incluso hicimos un viaje juntos, ya divorciados, con Pía. Y ella lo recuerda como uno de los momentos más felices de su vida.

Sé que para Mariel no ha sido fácil. Acompañar este proceso implicó aceptar una historia que no comenzó con ella. Pero siempre lo hizo desde el amor y la complicidad. Entendió que no quería que Pía viviera una historia de divorcio traumática. Y por eso, hoy más que nunca, le digo: gracias, mi amor.

> El divorcio es duro. Pero hay algo que no se dice lo suficiente: en un divorcio hacemos lo mejor que podemos con las herramientas emocionales que tenemos en ese momento.

La salida fácil suele ser el enojo. Nos protege del dolor. Pero muchas veces nos lleva a actuar con dolo. Y eso complica todo.

Yo estuve a punto de caer en esa trampa muchas veces. Pero cada vez que me acercaba al enojo, me recordaba que la única que iba a sufrir era Pía.

Eso me bastó para regresar, una y otra vez, al lugar del amor, de la compasión y del respeto.

Y por eso, por ese esfuerzo compartido, estaré eternamente agradecida con Manuel.

Hoy, mirando hacia atrás, solo puedo sentir gratitud por haber coincidido con Manuel en mi vida. A su lado crecí, aprendí y descubrí facetas de mí que de otro modo quizá nunca habría explorado. Lo más valioso que me queda de ese camino compartido es nuestra hija: una niña increíble que refleja lo mejor de ambos y que me recuerda cada día que todo valió la pena.

Tras el divorcio comprendí que nada de lo que vivimos estuvo marcado por la intención de herirnos, sino por las limitaciones propias de dos personas que, en algún momento, dejaron de caminar al mismo ritmo. Espero que Manuel sepa que yo tampoco quise generarle daño alguno y que, aunque este proceso no ha sido fácil, agradezco profundamente que hayamos podido sobrellevar los momentos más difíciles con respeto y madurez.

Reconozco y agradezco también a sus papás, quienes se han convertido en los mejores abuelos que nuestra hija pudo tener. Ellos, con Manuel, saben que siempre contarán con mi cariñ o y con mi apoyo incondicional, aun cuando nuestros caminos han tomado rumbos distintos porque, al final, más allá de las diferencias, lo que nos une para siempre es el amor por nuestra hija y el respeto por la historia que compartimos.

8.
MARIEL, MI PUERTO DE LUZ

"May I have this Dance".
Francis and the Lights

Éste es mi capítulo favorito, no solo de este libro, sino de mi vida. Mientras escribo estas páginas, estoy profundamente enamorada de mi esposa Mariel: mamá biológica de nuestro hijo Piero y, por convicción, mamá de Pía.

Nuestra historia comenzó hace muchos años. Si ella escribiera estas líneas, diría que le gusté desde que tenía 15 años. Ya nos ubicábamos desde antes, por varias razones, entre ellas, que un primo suyo estudiaba conmigo. Mariel era una mujer que, cuando la veía en la calle, me intimidaba profundamente por su autenticidad. A pesar de las adversidades, ella había salido del clóset y vivía su vida con libertad. Para mí, que aún estaba reprimida, eso era abrumador.

Aunque nos conocíamos desde tiempo atrás, nuestra historia comenzó realmente en una marcha del 8M. Más específicamente, en la del 2020, pocos días antes del confinamiento por la pandemia de COVID-19. En ese espacio lleno de mujeres luchando, rompimos la barrera que nos mantenía como conocidas, y nos convertimos en amigas. Yo era amiga —o más bien, colega— de su novia de entonces, Adriana, quien trabajaba en responsabilidad social en Aeroméxico, aerolínea que patrocinaba a Reinserta. Aprovechando eso, busqué a Adriana para organizar juntas un contingente para la marcha. Ahí fue donde realmente me acerqué a Mariel.

Aquel contingente, ese día, creció muchísimo. Comenzamos 600 y terminamos siendo más de mil mujeres marchando. Sin saberlo, esa lucha no solo fue por las consignas que gritábamos, sino también por una hermandad que estábamos forjando justo antes de entrar en un periodo de aislamiento mundial. Cientos de miles salimos a las calles, y poco después nos encerramos. Esos momentos sororos se convirtieron en refugio para muchas.

Ese día fue especial. Mariel y yo hicimos una mancuerna sorora, rompimos esa distancia inicial y nos volvimos amigas y compañeras. No fue amor a primera vista: ella tenía pareja y yo estaba al borde de separarme, con mil problemas en la cabeza. Pero a partir de ahí nació una amistad muy fuerte, amistad que después se convirtió en la base perfecta para la relación más hermosa que he vivido. Durante ese primer año de pandemia, nos acompañamos. Cuando me separé de Manuel, yo viajaba a la Ciudad de México para que él pasara fines de semana con Pía en Acapulco, donde yo estaba; así comencé a convivir más con Mariel y Adriana.

Debo decir que, mientras ellas estuvieron juntas, nunca pasó absolutamente nada entre Mariel y yo. Siempre he tenido un profundo respeto por Adriana.

Mi relación con Mariel tiene aspectos que aún hoy me resultan difíciles de explicar. Desde un principio, creo que mi cuerpo y mi mente, quizá desde un lugar profundamente romántico, me protegieron de arruinar lo más bonito que me ha pasado: la relación que tengo con ella.

Mariel y yo nos conocimos durante la adolescencia. Siempre hubo nexos que nos acercaban: como dije, era prima de un compañero mío de escuela, y aunque no convivíamos ni hablábamos cuando coincidíamos, nos ubicábamos. Era una sensación muy extraña: sabíamos quiénes éramos, pero jamás nos dirigimos la palabra.

Cuando cumplí 20 años, empecé una relación secreta con una mujer llamada Natalia —ya les conté sobre ella. Fue un momento muy complicado porque yo no había salido del clóset. Natalia tenía una mejor amiga, Carmen, quien era, curiosamente, novia de Mariel. Por eso —y por muchas otras cosas— yo veía a Mariel como alguien inalcanzable. Era una mujer empoderada, auténtica, luchona... y me intimidaba. Viéndolo hoy en retrospectiva, esa intimidación venía de que Mariel representaba todo lo que yo deseaba ser: una versión completamente auténtica de sí misma, con una fuerza que yo no podía permitirme en ese momento.

Después me casé, hice mi vida y dejé de verla. A veces me la encontraba en eventos, pero le rehuía la mirada, me hacía la desentendida. Años más tarde, hablando con Mariel, me confesó que pensaba que yo era súper payasa porque nunca la saludaba. Pero la verdad era que me intimidaba profundamente.

> Yo veía a Mariel como esa chava brutalmente segura de sí misma, que se había atrevido a salir del clóset en una

de las escuelas más conservadoras de México. Su presencia me confrontaba con todo lo que yo no me atrevía a ser, y eso, aunque lo admiraba profundamente, también me asustaba.

Como ya conté, la pandemia fue la gota que derramó el vaso y me llevó a tomar la decisión de separarme de Manuel. No sé si fue una crisis pandémica o simplemente ya estaba lista, pero en esos momentos de incertidumbre, la amistad con Mariel me dio la fuerza para vivir por fin la vida que yo quería.

Todo comenzó desde una amistad verdadera. A partir de ese 8M, empecé a conocerla realmente. No diré que la pandemia fue algo positivo, porque soy muy consciente de todo el dolor que trajo: gente que perdió la vida, su empleo, su estabilidad. Pero desde una perspectiva personal, fue un momento de pausa y reflexión. Pude pasar tiempo de calidad con mi hija, y también terminé una relación que ya no me hacía feliz.

Mariel, su novia y otra amiga, Marina, se convirtieron en personas fundamentales en mi vida. Durante la pandemia formamos un grupo de apoyo que, para mí, significó mucho más de lo que imaginaba: fue mi primer espacio de contención lésbica; con el tiempo comprendí lo transformador que resultó. Descubrí cuánto me llena estar rodeada de mujeres lesbianas y de la comunidad LGBTQ+, y entendí la fuerza que tiene la sensación de pertenencia cuando has pasado gran parte de tu vida creyendo que no encajabas en ningún lugar.

Mi rutina se convirtió en estar entre semana en Acapulco con mi hija, y regresar los fines de semana a la CDMX, cuando su papá iba a verla. En esos fines de semana, pasaba tiempo con este grupo de amigas. Mi amistad con Mariel empezó a tomar un rumbo auténtico. Y creo que hoy, mucho de lo que tenemos como pareja se lo debemos a esa etapa de amistad: nos conocíamos sin máscaras, habíamos compartido un año de nuestras versiones más reales.

Ella también atravesó meses despues su propia ruptura amorosa. Fue muy significativo acompañarla en ese proceso. Nunca hubo una intención romántica desde el inicio, pero el vínculo fue creciendo sin que lo notáramos del todo.

Al principio no fue nuestro momento, pero la vida —tan sabia como suele ser— se encargó de volvernos a juntar.

El día que Mariel se dio cuenta de que estaba enamorada de mí, me lo dijo sin rodeos. Nunca voy a olvidar ese momento. Ella es muy tajante; para Mariel, todo es blanco o negro, y le cuesta mucho moverse en los matices grises. Entonces tuvo ese instante de claridad y me dijo: "Estoy enamorada de ti."

Hoy no sé si fue un acto egoísta —aunque no veo a Mariel como una mujer egoísta—, pero en ese instante, me sentí traicionada. Yo no estaba lista. Necesitaba que las cosas con Manuel fluyeran bien, priorizar una separación sana, proteger a mi hija. Que Mariel, siendo alguien tan importante para mí, viniera y me cambiara el guión en ese momento fue devastador. Sentí que estaba perdiendo a mi mejor amiga justo cuando más la necesitaba.

Obviamente no tenía ni idea de lo que la vida nos tenía preparado.

Recuerdo que ese día estaba en casa de mis papás, con Pía —me había regresado a vivir con ellos después de la separación—, y Mariel me llamó:

—¿Dónde estás? ¿Qué vas a hacer?

—En casa de mis papás. Voy a comer con Manuel, pero antes tengo que llevar a Pía a…

—Ok. Voy para allá y yo las llevo a donde vayan.

En ese momento supe que algo no estaba bien. Ella estaba trabajando, no tenía sentido que fuera por nosotras solo para llevarnos. Subí a Pía al coche y comenzamos a platicar. Mariel estaba en plena crisis porque acababa de terminar con su novia. Cuando le pregunté cómo le había ido en terapia, si habían hablado de Adriana, me miró fijamente y me dijo:

—No, hablamos de ti.

Sacó unos panditas cubiertos de chocolate para mí, y unas galletas para Pía. El resto del trayecto se sintió raro. Me invadió una sensación de pánico. Me estaba cambiando todo el juego y no estaba lista.

Pasaron un par de meses en los que intenté mantener la amistad, aunque era evidente que ya había un elefante rosa en la habitación. La dinámica se volvió muy difícil de sostener. Hoy lo entiendo mejor: Mariel no es una mujer para juegos o ambigüedades. Ella es directa, comprometida, y no estaba buscando una relación pasajera. Pero yo, en ese momento, no lo tenía claro. Algo en mi inconsciente me decía: "Todavía no."

Durante tres meses tratamos de acomodarnos emocionalmente. Intentamos encontrarnos en medio de esta confusión, pero lo inevitable pasó: nos separamos.

Tuvimos una discusión muy fuerte. Yo lo tomé como una oportunidad para alejarme. No entendía por qué, pero necesitaba espacio. Sentía demasiado... pero predominaba el miedo.

En enero de 2021, cortamos toda comunicación. La bloqueé de mis redes sociales, borré su contacto, la saqué de mi vida por completo.

Ese año fue durísimo y transformador. Enterré a mi abuela. Me mudé a mi primera casa sola, con Pía. Era la primera vez que vivía sola: años antes había salido de casa de mis papás directo al matrimonio, así que no conocía esa sensación de independencia plena. Fue un momento de crecimiento que ni siquiera reconocía como tal. Estaba evolucionando, sin saber que me estaba preparando para la llegada de Mariel, para recibirla como ella merecía.

Mi divorcio se cerró definitivamente cuando tomé a mi hija, renté mi propio departamento y sentí —físicamente— lo que era ya mi nueva vida.

Qué difícil es el divorcio. Qué duro, pero qué maravilloso es empezar de nuevo.

Qué duro, pero qué poderoso es reencontrarte contigo.

Insisto: en ese momento no sabía nada. Son cosas que me han ido cayendo con el tiempo. Jamás imaginé que Mariel y yo íbamos a reencontrarnos. Mucho menos que nos enamoraríamos. Pero así fue.

Fueron 365 días sin saber absolutamente nada la una de la otra. Como si hubiéramos desaparecido del mapa mutuamente. Y, aun así, Mariel estuvo en mi mente todos los días.

Ese año fue especial, aunque no fácil. Aprendí a estar realmente sola. Me conocí, me acepté y entendí —por fin—, que estaba bien ser una mujer lesbiana con una hija, y que mi hija estaría bien. Conocí gente nueva que me acompañó en mi proceso. Volví a reír después de muchas noches de angustia. Me descubrí como mamá. Me volví la mejor versión de mí, y eso hizo que, por fortuna, también fuera la mejor mamá para Pía.

Ella y yo redefinimos nuestra relación desde un lugar de complicidad e incondicionalidad. Me reencontré conmigo en los espacios familiares, y me di cuenta de cuánto había cambiado al haberme olvidado tanto tiempo de mí.

Tuve una novia pasajera, conocí a un par de mujeres más. Volví a vivir para mí, y por eso también para mi hija.

Pensaba en Mariel todos los días. Todos. Los. Días.

Pensaba en ella por las mañanas, ideando escenarios imaginarios: qué haría si me la encontraba en un parque, en un restaurante, en una tienda. La idea de verla me aterraba. Me hacía sentir un gran peso en el estómago. Y no porque ya no sintiera nada… sino porque, muy en el fondo, sabía que si volvía a verla, sería el comienzo de nuestro *para siempre*.

Cuando volví a hablar con Mariel, me enteré que ese año sin comunicación fue devastador para ella. Me confesó que yo le había roto el corazón, que lo había pasado pésimo. En octubre le mandé un mensaje —que hoy reconozco como egoísta— donde le decía que todo estaba bien entre nosotras, que, el día que nos volviéramos a ver, seguiríamos siendo las amigas de siempre, y que ya no quería sentir ese malestar que me acompañaba al pensar en ella.

Lo cierto es que ese mensaje fue más una forma de aliviar mi propia incomodidad. Estaba cansada de pensar en ella todos los días. Cansada de armar un plan de contingencia mental diario, por si acaso me la encontraba. Nunca me detuve a pensar en cómo estaría ella. Nunca imaginé que su corazón seguía muy lastimado.

Mi intención jamás fue —ni será— hacer sufrir a Mariel.

Ella interpretó ese mensaje como una burla. Se enojó, se entristeció, y con razón. Estábamos viviendo realidades completamente distintas. Yo no me enteré de lo que ella estaba atravesando sino hasta que nos reencontramos. En ese año, si alguien me preguntaba por Mariel, incluso lo llegué a decir en voz alta: "No está enamorada de mí. Está enamorada de la idea de mí."

Creía —erróneamente— que yo simbolizaba libertad en medio del encierro emocional que ella vivía tras su ruptura. Pensaba que confundía deseo de escapar, con amor genuino. Decía: "Ella cree que está enamorada de lo que represento, no de quien soy realmente."

Qué equivocada estaba.

Mariel, a diferencia de mí, sí tenía claridad sobre lo que podíamos construir juntas.

Un año después, nos volvimos a ver.

El 5 de diciembre de 2021 aterricé en Ciudad de México a las 3:00 de la mañana. Venía de Holanda, de enterrar a mi abuela. Mi única prioridad era reunirme con Pía. Llevaba una semana sin verla.

Al día siguiente, un amigo muy querido, Jerónimo Gutiérrez, me había regalado un vuelo en parapente. Fue significativo para mí. Volé entre las nubes, escuchando una canción que me recordaba a mi abuela, y lloré en el aire. Respiré profundo y solté. Solté a la mujer que me había enseñado, con su fuerza y su convicción brutal, lo que significaba ser libre y ser feliz.

Su muerte no fue súbita. Fue larga y dolorosa. Tuvimos tiempo de despedirnos. La última vez que la vi, me dijo: "Amor, prométeme que vas a encontrar una mujer que te haga feliz, que te vas a volver a casar y que vas a creer otra vez en el amor. Prométeme que vas a volver a ser feliz."

Y a Pía le dijo: "Tu única obligación en esta vida es ser feliz."

Entre risas le respondí que la vería pronto. Pero nunca la volví a ver con vida.

Horas después de aterrizar, a eso de las 7:00 de la mañana, recibí un mensaje de Mariel: "Te voy a marcar. Necesito hablar contigo. Por favor, contesta."

Me descolocó. Tanto tiempo sin saber de ella y, de pronto, ese mensaje. Fue como una descarga eléctrica en el pecho. Pensé que, quizá, había salido de una fiesta —conociendo lo fiestera que es— y que todavía seguía en ese *mood*. Pero yo venía de enterrar a mi abuela. Venía de la muerte. Yo quería paz. Amor. Silencio.

Le respondí que sí, que nos viéramos el lunes. A lo que ella contestó, muy Mariel: "Saskia, no inventes. Es sábado, 7:00 de la mañana. Ponte unos pants y vamos a desayunar."

Le expliqué que a las 8:00 tenía que recoger a Pía para irnos a Reino Animal, y al día siguiente salía temprano para el vuelo en parapente. Le prometí que el lunes nos veíamos.

Ella colgó, molesta. Yo no lo noté tanto, pero después me di cuenta. Volvió a escribirme el jueves siguiente:

"Estoy aterrizando. ¿Dónde nos vemos?"

Inconscientemente, yo ya sabía que ese café no era solo un café. Era el inicio de algo. Algo más grande.

Ese día lo recuerdo con demasiada claridad. Me citó en el Tori Tori de Temístocles. La idea inicial era un café… pero terminó siendo una cena. Y eso me puso más nerviosa.

Irónicamente, llegué tarde.

Tenía cita en una clínica para quitarme un tatuaje que me había hecho con ella, años atrás, cuando solo éramos amigas.

Le mandé un mensaje: "Voy un poco tarde. Espérame unos minutos."

Cuando por fin llegué, la vi desde lejos. Caminaba por la calle. Y en ese instante, lo supe todo. Apoyé mi frente contra el vidrio del coche y pensé: "Ya valió. Estoy enamorada de Mariel."

La cena fue tensa. Mariel estaba visiblemente enojada conmigo, y con justa razón. Había pasado un año difícil, y yo no tenía idea. Escucharla fue durísimo. Me dolió reconocer cuánto la lastimé. Nunca imaginé que lo nuestro había dejado una herida tan profunda.

Yo había dado por hecho muchas cosas. Supuse que, si yo no estaba lista para una relación amorosa, ella tampoco lo estaría. Pensé que aún estábamos en puntos similares, pero no era así.

Mariel llevaba 15 años fuera del clóset. Yo todavía estaba peleando conmigo. Aún tenía miedos e inseguridades que ella ya había trabajado.

No estábamos en el mismo canal.

Fue doloroso oírla hablar de su depresión, del vacío que le dejó nuestra separación. Sentí culpa, vergüenza, tristeza. Me di cuenta de que había asumido demasiado.

Y que en el amor no se asume: se comunica o se pierde.

Una semana después, Mariel volvió a escribirme con el pretexto de regresarme unas cosas de mi tío Randall —el hermano de mi mamá, que es como otro papá para mí. Durante la pandemia, él le regaló a Mariel todos sus jerseys del Ajax, donde jugó profesionalmente.

Ella me dijo que quería devolverlos. Yo le respondí: "Déjalos en mi casa cuando puedas." Pero ella insistió: "Quiero dártelos en persona."

Fue ahí donde se marcó el siguiente paso.

Y, como si el tiempo no hubiera pasado, retomamos esa cercanía que siempre tuvimos. Solo que esta vez ya no había negación. Yo sabía, con certeza, que Mariel era con quien quería quedarme.

Pero, como buenas lesbianas, nuestra historia no podía empezar sin drama. Yo no sabía que Mariel estaba saliendo con alguien más. Y cuando lo descubrí, me enojé muchísimo. Me sentí traicionada. No porque ella me debiera algo —éramos técnicamente libres—, sino porque reviví viejas heridas.

Una de las razones por las que, un año antes, había salido corriendo, fue justamente porque me resultaba muy duro convivir con Mariel y su entonces novia… que además era amiga mía. En estas circunstancias no quería que se repitiera un patrón en el que muchas parejas caen, caracterizado —lamentablemente—, por las mentiras, las traiciones, las infidelidades dejando heridas muy profundas. Pero esta vez era distinto: ya no podía esconder lo que sentía por ella.

Después de esa cena, dejé de verla unas semanas. Me fui todo diciembre a Acapulco con mi familia. Sin embargo, durante ese mes, seguimos escribiéndonos, coqueteándonos, acercándonos poco a poco. Fue un tiempo lleno de mariposas en la panza. De esos momentos que solo ocurren una vez. Era evidente que estábamos cayendo. Otra vez.

Y en medio de todo ese caos y ternura, tomamos una decisión: en enero, lo intentaríamos de verdad. Formalmente. Sin miedos.

Ahí empezó nuestra historia de amor.

Una historia rápida, intensa y maravillosa.

No me arrepiento de nada.

Volvería a hacer todo igual, excepto una sola cosa: no volvería a lastimarla como lo hice la primera vez.

Con Mariel aprendí que el amor real es sincero, libre de ataduras y sin máscaras. No se trata de cuánto me hace feliz la otra persona desde un lugar egoísta, sino de amar por quien es genuinamente, incluso si sus decisiones no siempre me incluyen. Ese año de amistad con ella me enseñó a ver el amor como una alianza entre dos seres que se toman de la mano y caminan juntos, sin prometer ser siempre prioridad, pero sí siempre apoyo.

Mariel es determinada. No se anda con rodeos. Quizá por eso, cuando me dijo de frente que estaba enamorada de mí, me intimidó tanto. Mi cabeza me gritó: "Esto es un error."

Pero cuando la volví a ver, ya más trabajada emocionalmente, después de mi divorcio y del caos interno que atravesé, supe que estaba perdidamente enamorada de ella. Así, de golpe.

No puedo explicar cómo se acomodaron todas esas ideas en mi mente. Solo creo que la vida acomoda lo que se tiene que acomodar, cuando se tiene que acomodar, para protegernos.

Estar con Mariel ha sido vivir en una relación donde me siento la mejor versión de mí. Por fin me sé amada, por fin siento que pertenezco. Mariel me enseñó a darle valor a mi sexualidad, esa que no se elige ni se cambia. Esa que simplemente es.

Todavía existen discursos absurdamente limitantes sobre lo que "debería ser" la sexualidad. Las personas heterosexuales rara vez se cuestionan quiénes son o a quién desean. Cumplen expectativas, siguen el guion cultural. Pero quienes hemos salido del clóset sabemos que la verdadera felicidad solo llega cuando estás alineada con tu autenticidad, aunque eso implique romper estereotipos, tradiciones y estructuras familiares.

Y ahí fue donde aparecieron las discrepancias. Porque las familias de Mariel y la mía son dos mundos completamente distintos. Las diferencias en la educación y en la cultura familiar entre Mariel y yo representaron un reto importante, sobre todo en los primeros años de nuestra relación. No fue sencillo, porque esos contrastes nos obligaron a enfrentarnos a preguntas profundas sobre lo que queríamos construir juntas. Hubo momentos dolorosos en los que tuvimos que detenernos, hablar y redefinir hacia dónde caminábamos y qué visión compartíamos para nuestra propia familia. Con el tiempo entendí que esos desafíos, aunque difíciles, también nos ayudaron a crecer y a fortalecer el compromiso de crear un espacio común basado en el amor y el respeto. Por eso le digo a Mariel, con el corazón en la mano: "A pesar de las diferencias, siempre estaría dispuesta a casarme contigo. Porque nada de eso borra lo que siento por ti, ni lo que estoy dispuesta a luchar a tu lado."

Ha sido durísimo. Su familia viene de un contexto religioso, social y cultural muy diferente al mío. Y desde que empezamos a salir, tomamos la decisión de no escondernos. Íbamos a vivir como cualquier pareja. Ser auténticas. Ser visibles, eso llegó a mover muchas cosas y a confrontarnos con la realidad: el mundo tiene una opinión y no necesariamente está listo para modificar sus creencias y abrazar la autenticidad y las diferencias de otros.

Eso, inevitablemente, generó fricción.

Los momentos difíciles en nuestra relación nos hicieron darnos cuenta de que la familia de sangre no siempre está de manera incondicional. Esa verdad, aunque dolorosa, también nos regaló una de las lecciones más valiosas: la posibilidad de elegir a la familia que nos acompaña en la vida. Esa familia que no se define por los lazos biológicos, sino por el amor, el respeto y la complicidad. Al mismo tiempo, aprendimos a fortalecer los vínculos con nuestros seres queridos de sangre que sí celebran y respetan la relación y la familia que Mariel y yo hemos construido. Amamos profundamente a quienes caminan a nuestro lado y, más que nunca, comprendemos que en un mundo donde somos minoría, no tenemos por qué escondernos. Al contrario: cuidamos y protegemos a nuestra gente, a quienes se atreven a respetar y amar aquello que es diferente.

Nos repetimos una y otra vez: "Esta familia no se esconde."

Estamos orgullosas de ser una pareja homoparental.

Y de vivir nuestra vida sin pedir permiso ni mucho menos disculparnos por ser quienes somos.

Mariel y yo decidimos casarnos cuando apenas llevábamos ocho meses de noviazgo. Fue rápido, sí. Pero fue real. Ella estaba rentando un departamento que de pronto se puso en venta, y el plan era que, cuando eso ocurriera, nos fuéramos a vivir juntas. Lo que no esperábamos era que el departamento se vendiera mucho antes de lo previsto, así que la decisión tuvo que tomarse a toda velocidad.

Pero yo no quería que esa mudanza fuera solo un trámite. No quería que se sintiera como una obligación logística. Quería que tuviera peso, que naciera desde el corazón.

Así que planeé una sorpresa.

Le platiqué a mi mamá que quería decirle a Mariel que se casara conmigo, entonces mi mamá me ofreció el anillo de mi abuela para la petición, ese anillo tenía para mi mamá y para mí un enorme significado. Mariel tenía que viajar a Holanda por trabajo —iba a cerrar un trato con un futbolista— y yo me organicé para volar allá sin que ella supiera. Cuando llegó, la sorprendí en el estadio, el día de mi cumpleaños, el 30 de julio de 2022 y...

¡Le pedí matrimonio!

Le dije que no quería vivir juntas por necesidad, sino por amor. Le di el anillo y le dije que ese anillo representaba mi compromiso real con ella y con la vida que estábamos construyendo.

Nuestra boda fue muy auténtica y nos rodeamos de las personas que más nos quieren.

Queríamos evitar formalidades, ser distintas… pero terminamos bailando el vals tradicional, llorando abrazadas en el centro del salón, rodeadas por nuestras personas favoritas.

Y fue perfecto.

La canción con la que entramos fue una de Matisse, recomendada por mi amigo Alex. También sonó "May I Have This Dance", una canción que le mandé a Mariel cuando pasó sola la Navidad en pandemia, y en la que le prometí que un día bailaríamos juntas en nuestra boda.

Y así fue.

Todo fue muy distinto a mi primera boda. Entonces me preocupaban los invitados políticos, la prensa, los acomodos de mesa, y aunque había amor, también sentí mucha presión social.

Esta vez solo me importaba el amor.

Y estar rodeada de quienes me quieren como soy.

Tuvimos una despedida de solteras inolvidable en Las Vegas. Nos casamos allá, rodeadas de 80 amigos y amigas cercanos. Cuando aterrizamos, le dije a Mariel: "Ya tengo FOMO de que esto se va a acabar."

Y es que fue un viaje mágico.

Todos lo recuerdan como uno de los momentos más increíbles de sus vidas.

Uno de mis amigos, Julio Copo, me mandó una nota de voz que aún atesoro. Dura dos minutos y empieza con: "¡No mames, no mames, no mames, gracias! Nos recordaron lo que es el amor. Lo que tienen tú y Mariel es único."

Yo ya había estado casada antes, y tenía miedo de volver a empezar, a que fuera muy dificil. Pero estar en mi boda con Mariel, sintiéndome 100% yo, amada, libre, sin máscaras, fue una redención.

Fue una boda profundamente auténtica. Muy Mariel. Muy yo. Muy nosotras.

Hoy sé que la vida tiene aún muchas sorpresas y experiencias y lo que más deseo es vivirlas con Mariel, no sé qué nos tocará enfrentar mañana, pero lo que en este momento tengo claro es que quiero vivirlo, disfrutarlo, pasarlo con ella, hace poco le escribí una carta en la que repaso con toda mi emoción lo que su vida representa para mí, lo grande que es el amor que siento por ella con toda la complicidad, solidaridad y deseo de estar a su lado; esta es la carta, en ella va todo mi amor y toda mi vida:

Querida Mariel,

Quiero que sepas que encontré el amor estando a tu lado. No ese amor egoísta donde amas a alguien solo por lo que te hace sentir, sino porque te amo como eres, completa. Te amo a ti por ser tú. Quiero que sepas que recuerdo cada momento de nuestra historia y siento mariposas en la panza como si fuera ayer. Recuerdo aquella canción que, en nuestra amistad, te dediqué:

"Y que nunca venga nadie a darte a ti lecciones
Tú que tienes corazones en los dedos
Que no te corten el baile
Que no domen a la fiera
Que lo hagas a tu manera."

Era mi forma de decirte que nunca perdieras tu esencia, que nunca te dejaras moldear por lo que otros esperan de ti, que no te pierdas intentando hacer feliz a quienes no ven la maravilla que eres. Porque quienes estamos felices contigo, lo estamos por quien eres, sin máscaras ni disfraces.

Me duele cuando pienso en los momentos que pasamos separadas, sin saber que nuestros caminos se volverían a cruzar y que íbamos a estar juntas para siempre, creando la familia que nos haría sentir completas. Más allá de la familia de sangre, nos hemos rodeado de familia elegida que amamos, que nos ama y, más importante, que ama a nuestros hijos. Qué afortunadas somos.

Quiero volver a bailar contigo "My Universe" de Coldplay y "May I Have This Dance" en nuestra boda, porque te escogería un millón de veces más. Quiero que sepas que me diste la fuerza para ser, para salir del clóset sin mirar atrás, sin pensar en nada más que en lo que vendría hacia adelante: nosotras, juntas. Estar a tu lado me hizo ver que no hay nada que esconder, porque lo nuestro no se invisibiliza nunca. Quiero que sepas que te quiero, que te amo y que estoy eternamente agradecida por haberme escogido y por haber hecho familia conmigo. Sé que no ha sido fácil, porque ser dos mujeres que se aman en un país donde predomina el machismo y la homofobia es complejo, pero tomadas de la mano no existirá el imposible.

Y si algo tengo claro es que, pase lo que pase, quiero seguir caminando este mundo contigo. Quiero seguir despertando a tu lado, seguir riéndome de tus ocurrencias, seguir viéndote cuidar y amar a nuestros hijos como solo tú sabes hacerlo. Quiero envejecer contigo, con las manos arrugadas pero siempre entrelazadas, con los recuerdos de todo lo que hemos disfrutado y la ilusión de lo que aún nos queda por vivir.

Gracias por ser mi hogar, por ser mi refugio y mi impulso. Por enseñarme que el amor verdadero no se esconde, no se negocia y no se condiciona. Por recordarme que juntas lograremos todos nuestros sueños. Te amo, y te volvería a escoger en cada vida.

Saskia

9.
MATERNAR EN UNA SOCIEDAD CONVULSA

Así ve mi hija Pía a su familia.

Hablar de hijos siempre fue parte de la conversación entre Mariel y yo.

Yo sabía que quería tener más hijos. Me angustiaba pensar que si me esperaba mucho tiempo, el siguiente bebé se llevaría muchos años con Pía. Lo reconozco: fui insistente. Tenía miedo. Miedo a embarazarme más grande. Miedo a no poder. Miedo a quedarme con las ganas.

Poco a poco, Mariel se enfrentó a sí misma y a lo que realmente quería. Se miró en el espejo y eligió romper con los mandatos que le habían impuesto. Entendió que tenía todo el derecho de ser mamá, no solo la "tía buena onda". Y cuando por fin me dijo: "Sí, sí quiero ser mamá y sí quiero tener una familia", yo ya lo tenía todo en mente.

Y fue ahí cuando ocurrió uno de los actos de amor más grandes que he recibido en mi vida: mi hermano decidió ser el donante para que pudiéramos tener un hijo juntas.

Pero debo anotar que para llegar a este momento tuve que atravesar un largo camino, ahora, después de muchas reflexiones lo tengo muy claro: la llegada de Pía y Piero fue un momento profundamente disruptivo y transformador en mi vida. Ambos tuvieron problemas respiratorios al nacer, y desde ese primer instante, mostraron su espíritu de lucha: una personalidad de resistencia y resiliencia que me dejó claro que habían llegado listos para conquistar el mundo con toda la fuerza que existe. Verlos crecer ha sido el mayor privilegio, y nada me emociona más que la familia que los cuatro hemos construido juntos. Cada uno aporta algo único y especial a este hogar, y es precisamente esa mezcla de diferencias, amor y complicidad lo que hace que nuestra familia sea tan extraordinaria. Lo que más deseo es que siempre sepan que esta casa será su refugio: el lugar donde estarán seguros, celebrados y amados incondicionalmente.

Mariel llegó a nuestras vidas cuando Pía era todavía muy pequeña. Eso le permitió conocerla desde siempre, de tal manera que para Pía no existe una vida ni un recuerdo en el que Mariel no esté. La forma en que Mariel se integró a nuestra historia fue profundamente respetuosa: venía de su propio proceso de divorcio y entró con paciencia, con cuidado y con un amor inmenso que fue creciendo con el tiempo. Hoy, la complicidad entre ambas me derrite de amor cada vez que las veo juntas, porque Pía eligió, sin imposiciones, llamarla mamá, y con ello nos enseñó que la maternidad no se define por la biología, sino por la presencia, la ternura y la entrega cotidiana.

La llegada de Piero fue otro regalo invaluable. Todo su proceso fue pensado con el corazón, con la ilusión y el amor más grande que pueda existir. Desde el principio supimos que queríamos que creciera con la certeza de que fue profundamente deseado, protegido y amado incluso antes de nacer. Lo concebimos con el propósito de unirnos como familia y de darle un hermano a Pía, y Mariel estuvo conmigo en cada paso del camino, acompañándome en ese proceso de traerlo al mundo. Piero llegó para llenar nuestra vida en formas que jamás imaginamos, dándonos nuevas razones para agradecer y amar. Siempre queremos que sepa que no puede ser más querido, que es una persona única y especial que llegó a completar nuestra historia familiar.

Ser mamá es el acto de amor más grande y transformador que he experimentado en mi vida. Piero y Pía me enseñaron lo que significa el amor más puro: uno que no pide nada a cambio, que se desborda y que me recuerda todos los días que soy capaz de más ternura, paciencia y entrega de la que jamás imaginé. Ellos me han mostrado que ser madre no es solo cuidar, sino también aprender, crecer y dejarme transformar por ellos.

Desde el inicio, nuestra maternidad estuvo marcada por decisiones que no fueron sencillas. Maternar en una relación de dos mujeres en un país como México implicó enfrentarnos a miradas, prejuicios y a un sistema que muchas veces no nos reconoce como familia. En pleno 2025, 58% de la población en México aún cree que dos hombres o dos mujeres no deberían tener derecho a ser papás. Esa cifra es dolorosa, no por lo que significa para nosotras como adultas, sino por lo que implica para nuestros hijos: crecer en una sociedad donde el amor que los trajo al mundo todavía es cuestionado. La homofobia sigue siendo una realidad latente, y Mariel y yo sabemos que proteger a nuestra familia y cuidar a nuestros hijos será siempre una de nuestras mayores responsabilidades.

Y sin embargo, en medio de todos esos retos, la vida nos ha dado regalos que nos recuerdan que todo ha valido la pena. Uno de ellos es que Pía nunca conoció un mundo sin Mariel y que Piero llegó a completar lo que ya era una familia llena de amor. Lo más importante es que ambos, desde su nacimiento, nos han enseñado que no hay barrera que pueda más que el amor auténtico, ni prejuicio que logre opacar la luz que ellos trajeron a nuestras vidas.

Maternar en un país con tantas resistencias a las familias diversas es un reto que va más allá de lo legal o lo social: es un reto emocional. Hay un miedo que me acompaña todos los días y que me atraviesa como madre. El miedo de criar a una niña en un país donde el machismo y la violencia de género son parte de la vida cotidiana. Quiero que Pía sea la mujer más auténtica y poderosa que haya existido, que nadie rompa jamás su voz ni su libertad. Y al mismo tiempo, siento el peso de criar a un niño en un mundo que le enseñará, desde muy pequeño, que "los hombres no lloran" y que ser vulnerable es sinónimo de debilidad. Quiero que Piero crezca sin miedo a sentir, que abrace sus emociones como una fortaleza y que sea un hombre libre de los estereotipos culturales que dictan cómo "debería" ser.

A mis dos hijos les deseo la fuerza de la autenticidad, de la plenitud y de la felicidad. Quiero que sepan que esta casa es y siempre será un espacio donde la libertad y la expresión no solo están permitidas, sino celebradas. Que nunca teman ser quienes son y que entiendan que la diversidad es riqueza, que el amor no necesita explicaciones y que nuestra familia es tan legítima y poderosa como cualquier otra.

Los retos para las familias homoparentales en México y en el mundo siguen siendo muchos. La discriminación existe, los prejuicios persisten y las instituciones aún nos deben derechos básicos. Pero por encima de todo, Mariel y yo hemos decidido que nuestros hijos crecerán sabiendo que son amados profundamente, que no hay rincón donde no los acompañemos y que nuestro único objetivo como madres es que sean inmensamente felices.

Piero es un regalo inmenso. Un vínculo genético que nos une a los tres. Gracias a la ciencia, Piero, nuestro hijo, es genéticamente de Mariel y mío.

Y eso lo cambia todo. Porque refuerza la idea de que la maternidad y la paternidad no dependen de la sangre, sino de la presencia, del amor y del acompañamiento.

Para nosotras es esencial que Piero sepa quién es y de dónde viene. No le vamos a mentir. No le vamos a ocultar nada. Porque vivir en autenticidad es el único camino que queremos para esta familia.

No, mi hermano no es su papá.

Es su tío.

Es su donante.

Y su acto de amor no borra, no minimiza ni compite con nuestra maternidad.

Decir que él es el "papá" es invalidar a miles de familias: adoptivas, monoparentales, homoparentales, de abuelas que crían nietos, de madres solteras que sacan adelante solas a sus hijos.

Nuestra familia es distinta, sí.

Pero es válida.

Es fuerte.

Y está llena de amor.

El embarazo no fue fácil. Hacer un tratamiento *in vitro* es desgastante, física y emocionalmente. Pero compartir este proceso con otra mujer ha sido profundamente sanador. Mariel tuvo síntomas espejo: náuseas, antojos, insomnio. Lo hemos vivido juntas, como un verdadero equipo.

Y aunque todo esto es hermoso, también ha traído sus propios miedos. Este embarazo ha sido una reflexión constante. Porque por primera vez soy mamá de un niño.

Y eso, para mí, ha sido todo un proceso.

Como dije, me angustiaba pensar que si me esperaba mucho tiempo, el siguiente bebé se llevaría muchos años con Pía. Y aunque Mariel siempre quiso ser mamá, lo cierto es que nunca lo había hablado con su familia. Sabía, como sabemos muchas personas LGBT+, que el tema de la maternidad en una relación entre mujeres es todavía un territorio complicado, a veces con muchas piedras y obstáculos que teníamos que superar. Porque desde que somos niños son temas tabús, de los que no se hablan, en específico con familias tradicionales como en el caso de Mariel o en el de muchas otras personas. Y esto genera un miedo inmenso que se transforma en incertidumbre.

Aunque este capítulo lo escribí aún embarazada, hoy, al revisarlo, lo hago con Piero en brazos. Su llegada fue lo mejor que me ha pasado. Nos consolidó como familia. Mariel, Pía y yo encontramos en él un punto de unión inquebrantable. Y mi corazón explotó al descubrir que a un segundo hijo se le ama igual que al primero. No hay nada más hermoso que la llegada de un hijo esperado y profundamente amado.

Hoy, con mi hijo en los brazos, entiendo lo que significa el verdadero amor expandido. Pensé que no cabía más amor en mí, y sin embargo, llegó él, y mi corazón creció sin pedir permiso.

Mariel, Pía y yo formábamos una familia profundamente imperfecta, humana, pero también poderosa, honesta y libre. Con la llegada de Piero, el rompecabezas tomó una forma nueva. No perfecta. Pero sí exacta. Como si todo lo vivido —las rupturas, los silencios, las reconciliaciones, las decisiones difíciles— hubieran sido necesarias para llegar hasta aquí.

Hoy sé que estoy donde tengo que estar.

No me lo contó nadie. Lo sentí en el cuerpo. Lo supe cuando vi a Pía abrazar a su hermano por primera vez.

Lo confirmé al ver a Mariel velar por él como si siempre lo hubiera estado esperando.

Y aunque hay días de dudas, de cansancio y de miedo, me queda algo inamovible: la certeza de que esta vida es la que elegí conscientemente.

La que soñé sin saber que la soñaba.

La que construí con cada acto de valentía.

Porque no hay amor más valiente que el que se vive con libertad.

No hay familia más sólida que la que se funda desde la autenticidad.

Y no hay hijo más amado que aquel que llegó deseado, esperado y profundamente celebrado.

> Pasar por un divorcio fue una de las experiencias más duras, pero también más liberadoras de mi vida. Me en-

frenté al miedo de romper con lo que alguna vez escogí, con lo que creí que iba a durar para siempre. Ese miedo de soltar una familia, de separarte de aquello que construiste con tanto amor y con tanto esfuerzo fue grande y desprenderme de tantos sentimientos dolió muchísimo; hoy sé que la vida me permitió reconstruirme y creer en el amor sin ataduras.

Ahora entiendo que se sobrevive a la adversidad. Y cuando se suelta lo que ya no hace sentido, siempre —siempre— llega algo mejor. Me recuerdo a mí misma, muerta de miedo, sabiendo que tomar esa decisión era lo correcto, pero también llena de incertidumbre. Y por eso hoy valoro más que nunca la libertad emocional y afectiva.

También entiendo que educar con el ejemplo es el acto más poderoso que podemos hacer como madres. Porque al liberarme yo, también enseño a mis hijos a no quedarse donde no son felices. A no tenerle miedo a elegir de nuevo. A construir una vida desde la plenitud.

Ser madre en México dentro de una familia homoparental significa vivir con el amor más grande del mundo, pero también implica enfrentarse a un país donde el machismo y la homofobia siguen marcando la vida cotidiana. Las cifras lo confirman: de acuerdo con encuestas recientes, más del 40% de las personas LGBTQ+ en México ha sufrido discriminación, y las familias como la nuestra todavía encontramos puertas cerradas en trámites legales, en las escuelas de nuestros hijos o en algo tan sencillo como el reconocimiento social de nuestra existencia. Pero más allá de los números, está la herida emocional de sentir que, aun cuando criamos con amor, dedicación y valores, tenemos que justificar constantemente nuestra legitimidad como familia. La realidad es que aún nos queda mucha lucha por delante para vivir con los mismos derechos que cualquier otra familia; sin embargo, ese mismo camino nos da fuerza para criar a nuestros hijos con la certeza de que no hay nada más poderoso que enseñarles a vivir con orgullo, dignidad y amor en medio de la adversidad.

Para cerrar este capítulo quiero dedicar unas palabras a mi hijo Piero, un amor incondicional, puro, abrazador.

La llegada de Piero fue increíble. Y tengo que aceptar que no esperaba que el tener un hijo varón fuera a ser realmente transformador.

Durante el embarazo tuve tres miedos profundamente arraigados. El primero: ser mamá por segunda vez, con la duda de si es posible amar igual a otro hijo. Aunque todas las personas me decían que el corazón se expande, no lo entendí hasta que tuve a Piero en mis brazos.

El segundo miedo: que Pía se sintiera desplazada. Ella fue mi compañera de vida durante momentos muy duros. Vivimos mi divorcio juntas, mi regreso a casa de mis papás, nuestro primer departamento… Es una niña profundamente sabia y empática. Me daba terror que sintiera que su lugar ya no era el mismo.

El tercer miedo fue el saber educar a un niño en un mundo donde rige el machismo en medio de una lucha dominante feminista donde el crecimiento de equidad se ve reflejado en muchos lados. Vas a cualquier librería y hay mucho contenido de cómo criar a una niña a ser fuerte y poderosa pero poco contenido de cómo criar a un niño a sobrevivir siendo vulnerable en un mundo que lejos de celebrar la vulnerabilidad la condena como débil.

El embarazo fue de alto riesgo. Tuvimos sustos fuertes. Amenazas de aborto, desprendimiento de placenta, hospitalizaciones. Piero nos tenía con el corazón en la garganta. Pero también con mucha esperanza.

Y llegó a redefinir la familia. A consolidar el amor con Mariel. A enseñarnos que sí, el segundo hijo se ama igual que el primero. Que el corazón no se divide, se multiplica.

El día de su nacimiento, en el quirófano, sentí una complicidad con Mariel que no puedo describir. Me sentí cuidada, abrazada, exactamente donde tenía que estar.

Como anoté, Piero nació con problemas de respiración y tuvo que quedarse en terapia intermedia. No quise irme del hospital hasta que él también pudiera salir. Quería que saliéramos juntos como familia. Pía nos esperaba en casa, extrañándonos, y yo aprendí una vez más lo vulnerable que eres cuando se es madre.

Dejé de temer que fuera niño. Entendí lo hermoso que es educar a un hombre en un hogar de mujeres. Lo hermoso que es criar desde el respeto, desde el amor, desde la libertad de ser.

Quiero que Piero sea libre de sentir, de llorar, de reír. Que no esconda sus emociones, que no se deje influenciar por quienes hacen daño. Quiero que entienda que la vulnerabilidad no es debilidad, es fortaleza.

Mi reto como madre es enseñarle eso: que ser hombre no significa callar. Que ser valiente también es saber amar, cuidar, acompañar. Quiero que crezca sabiendo que puede ser quien es, sin filtros, sin tabúes, con la certeza de que el mundo necesita más hombres sensibles, más hombres empáticos, más hombres justos.

Piero, hijo, como a tu hermana Pía, los amo infinitamente. Gracias por permitirme ser, con su existencia, una madre feliz, desafiante, con el gran compromiso de encauzarlos a una vida de comprensión, respeto y trabajo. Porque a pesar de tanta información y tecnología, de tantos discursos de apertura e inclusión, criar en México es, como lo he dicho muchas veces, un desafío profundo. Criar a una niña en un país atravesado por el machismo y la violencia de género significa cargar con la preocupación constante de que Pía logre crecer libre, segura y dueña de sí misma. Al mismo tiempo, criar a un niño en este mismo contexto me confronta con otra realidad igual de dura: el machismo es también el mayor obstáculo para que Piero pueda convertirse en un hombre auténtico, capaz de vivir su vulnerabilidad como fortaleza y no como debilidad. Educarlos en medio de estas contradicciones me recuerda cada día que nuestra mayor lucha como madres es enseñarles que el amor y la empatía son más poderosos que cualquier sistema que intente limitarlos.

Con los años comprendo un poco más de la vida y del trabajo que hicieron las personas que se encargaron de nuestra enseñanza en casa, por eso puedo decir sin duda que hoy soy la mamá que soy gracias al vínculo afectivo que tuve en casa con mis papás y mis hermanos. Crecer en un entorno donde predominó siempre el amor y la autenticidad es lo que quiero replicar con mis hijos. Nunca será suficiente volver a decirlo: gracias mamá, papá, Vania y Luis David por haberme dado las herramientas para hoy ser la mejor versión de mí.

A mis hijos, Piero y Pía, quiero dejarles este mensaje: siempre podrán volver a casa. En su mamá y en mí encontrarán un amor absoluto, profundo e incondicional que no conoce fronteras ni condiciones. Mi mayor deseo es que siempre se cuiden entre ustedes, que se acompañen con ternura y valentía en cualquier camino de la vida y que nunca olviden que, pase lo que pase, son y serán lo mejor que me ha pasado.

10.

VOCES TAN CERCA DEL INFIERNO

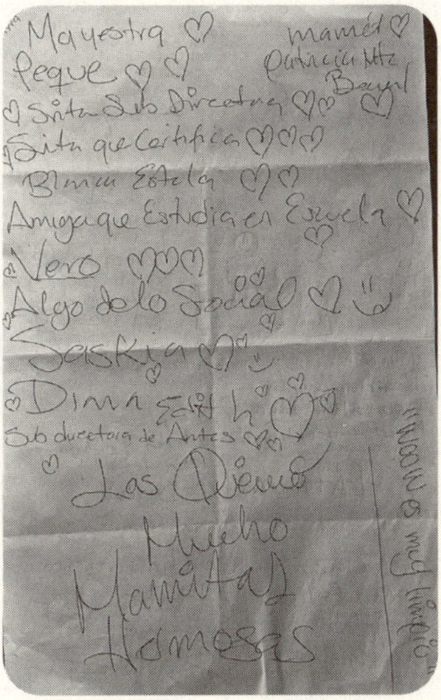

Mensajes recibidos de Juan Carlos H., el llamado "Monstruo de Ecatepec".

La primera vez que entré a una cárcel tenía 19 o 20 años. Aún trabajaba en negociación de secuestros cuando Julio, un amigo, me habló para ofrecerme participar en un proyecto. Él colaboraba con una organización llamada *Un Techo para mi País*, dedicada a construir vivienda digna para personas en situación vulnerable. En ese momento, estaban habilitando salones de usos múltiples dentro de un reclusorio.

Ese día nunca se me va a olvidar. Estaba emocionadísima porque era la primera vez que tendría un contacto directo con agresores. Si bien ya había hablado con muchos durante mi trabajo como negociadora, nunca me había enfrentado cara a cara con uno. Ese día me acompañó mi socia Mercedes. Íbamos a pintar unos cuartos ya terminados, y nos sentíamos ilusionadas, emocionadas de vivir una experiencia que significaba muchísimo para ambas.

Al ingresar al reclusorio, nos dieron las indicaciones que, hasta hoy, son las mismas que doy a cualquiera que entra por primera vez a un penal:

Tratar a las personas con el mismo respeto con el que tratas a alguien afuera.

Jamás preguntar el delito por el que están privados de libertad.

Nunca dar datos personales.

Entramos a las áreas generales y recreativas del penal. Frente a nosotras estaba el edificio donde íbamos a trabajar, completamente pintado de blanco. Me entregaron una cubeta de pintura y un par de brochas para pintar un cuarto pequeño en la parte trasera del salón de usos múltiples. Tomé mis cosas y caminé hacia allá.

De pronto, se asomó un chavo de unos veintitantos años, más grande que yo. Alto, robusto. Me dijo:

—Lic, ¿quiere que le ayude?

—Si quieres, ahí están las brochas —le respondí.

Y se puso a pintar conmigo.

Naturalmente, comenzamos a platicar. Para mí, ese momento fue el evento del año. Me ayudó a aterrizar muchos pensamientos y prejuicios que tenía. En ese entonces, yo veía secuestradores en todos. Era mi trabajo. Fue muy interesante descubrir otra cara: entender que eran, al final del día, personas.

Esa experiencia me ayudó a desarrollar la empatía que hoy tengo por quienes trabajan en el sistema de justicia penal —policías de investigación, ministerios públicos, peritos—, porque cuando estás del lado de la investigación del delito, ver el cinismo y la violencia de quienes delinquen duele. Y mucho.

Años más tarde, en Puebla, trabajando en la coordinación antisecuestros, presencié la detención de varios secuestradores. Al llegar a la fiscalía, llegaron muy "malandros", con amenazas como:

"No sabes quién soy."

"Voy a matar a tu familia completa."

"Te doy un millón de dólares si me sueltas."

Días después, ya procesados en el penal de San Miguel, se acercaban con total sumisión:

"Buenas tardes, lic. ¿Se acuerda de mí? ¿Le puedo pasar mi carpeta?"

Era impactante ver cómo, una vez encerrados, perdían todo el poder, toda la prepotencia que les daba la calle.

Mientras pintábamos, este joven me empezó a contar de su vida, de su familia. Nunca hablamos de su delito; yo no pregunté y él no lo mencionó. Me hizo varias preguntas, y fui muy cuidadosa. Le dije que vivía en otro lugar, omití detalles personales. En un punto, comenzó a insistir:

—¿Cómo te llamas?

—¿Dónde vives?

—¿Me das tu número?

Le contesté:

—Mira, me estás haciendo preguntas que no te puedo contestar. Ponte en mis zapatos… Si tú fueras yo, ¿me dirías todo lo que me estás preguntando?

Nos reímos. Fue un momento tenso, pero también humano.

Terminamos de pintar y me fui. Pero esa experiencia me marcó. Fue la primera vez que dije: esto es lo que amo.

Por más que me gustaba la negociación en secuestros, estar en una prisión fue descubrir mi verdadera vocación. Sentí que a eso quería dedicarme el resto de mi vida.

Años después, trabajando ya en la Policía Federal, una de mis primeras tareas fue visitar penales federales para revisar las condiciones en las que estaban los secuestradores. El primer penal al que fui fue el Altiplano No. 1, el de máxima seguridad, del que luego se escaparía el Chapo Guzmán.

Tenía 23 o 24 años, ya no era esa niña de 19 pintando un cuarto. Fui como funcionaria pública. El director me dio un recorrido. Pasamos por el área de juzgados, el sistema viejo: una rejilla separaba al acusado del juez, el secretario de acuerdos, los abogados y la familia.

Y de repente, lo vi.

Perdí toda la cordura.

—¡Ése es mi amigo! ¡Es mi amigo! —grité.

El director me respondió:

—Lic, no creo que ése sea su amigo. Ése es *El Hummer*, fundador de Los Zetas.

Era el mismo con el que había pintado aquella vez.

No sé si me reconoció. Nos separaban las rejillas. Pero en mi cabeza —y en mi historia— quiero pensar que sí.

Cuando comencé a desarrollar el perfil del secuestrador en México, tenía dos listas: una con personas a las que quería entrevistar sí o sí, y otra con los perfiles que debía incluir por metodología e investigación.

Recuerdo perfecto la primera vez que entrevisté a los grandes psicópatas. Fue en el Altiplano, y hasta hoy, sigo pensando que los custodios me estaban jugando una broma... o simplemente les dio flojera. Nunca entendí qué pasó, pero fue brutal.

Mi rutina era siempre la misma: llegaba al penal, me sentaba con el director o subdirector, y con lista en mano, les entregaba los nombres de las personas que me interesaba entrevistar. En ese penal estaban algunos de los secuestradores más temidos del país: Freyre, Aurelio Arizmendi, Noé Hernández, Petriciolet, los Tolmex... ¡los grandes!

Ese día, llegué acompañada del Comisionado Nacional Antisecuestro. Le expliqué el objetivo: entrevistar a estas personas sin que sospecharan que la entrevista era dirigida, para no romper la confianza.

"Okey", fue su respuesta.

Bajé al dormitorio donde solía realizar las entrevistas. Un custodio me dijo:

—Listo, lic. Ahí está el primer grupo de secuestradores.

Entré al salón confiada... y lo que vi me dejó helada.

Aurelio Arizmendi, César Freyre, Noé, los Petriciolet... ¡Los catorce líderes de las bandas más importantes de México reunidos en un mismo cuarto!

Exactamente lo que pedí que no hicieran.

Ellos también lo notaron de inmediato. Se miraban entre sí con sospecha, algunos incómodos. Entre ellos hay relaciones: unos se ubican, otros se odian. Noé y los Petriciolet, por ejemplo, no se podían ver, porque se enfrentaron durante el secuestro de Fernandito Martí.

Mi discurso planeado era simple:

"Se eligieron perfiles aleatorios para conformar una muestra del perfil del secuestrador..."

Pero en ese momento, sabía que no se lo iban a tragar.

Pensé en cambiar la narrativa:

"Estamos haciendo un estudio sobre líderes de bandas de secuestradores...", pero habría quedado como una tonta.

Seguí con el libreto original. Vi que César Freyre se rio. Le pregunté:

—¿Qué te da risa?

—¿Cómo crees que esto es aleatorio? ¿Ya viste quiénes estamos aquí?

Me mantuve en personaje:

—Pues no sé. Estoy en el dormitorio C, y me trajeron a 14 personas. Yo no elegí a quiénes traer.

—Sí, pero ve a quiénes te trajeron— insistió.

Entonces me planté en medio del cuarto y dije:

—¿Alguno de ustedes no está acusado de secuestro? Miren, a mí no me importa quiénes sean. Trabajo en la Policía Federal. Tengo que aplicar este cuestionario y hablar con algunos de ustedes. Si les parece, bien. Si no, también. Vengo a hacer mi trabajo.

Tuve que hacerme la que no sabía quiénes eran, aunque por dentro casi me desmayaba.

Fue uno de los momentos más intensos de mi carrera.

La primera entrevista fue con Aurelio Arizmendi, hermano de Daniel Arizmendi, alias "El Mochaorejas".

Él no le dio mucha importancia a la entrevista. Algo común en los Arizmendi: se sienten los pioneros, los "padres" del secuestro moderno. Creen que todos los demás copiaron su modus operandi.

Aurelio habló con nosotros sin mucho filtro, más como quien participa en una actividad escolar que como un criminal bajo análisis. Fue una entrevista tristísima.

Aurelio tiene limitaciones intelectuales, daños emocionales, y es profundamente leal a su hermano, quien abusó de esa lealtad. No estoy diciendo que Aurelio no sea culpable. Lo es. Fue cómplice de atrocidades. Pero es un tipo emocionalmente frágil. Un hombre enorme, con aspecto de osito panda, que se aferró a un modelo de éxito criminal que ni siquiera entendía del todo.

> Escribo estas líneas mientras atravieso un momento muy especial en mi carrera. Hace apenas unos días, en el noticiero de Ciro Gómez Leyva, presenté la entrevista con su sicario: "El Bart", el hombre que intentó asesinarlo.
>
> Fue una entrevista dolorosa, retadora, profundamente incómoda, pero reveladora. Me enfrentó a lo que más valoro: la congruencia entre lo que predico como activista y lo que practico como criminóloga.
>
> Ciro es mi amigo. Lo respeto. Lo admiro. Y estar cara a cara con el hombre que quiso matarlo, que literalmente dijo querer "verlo bajo una sábana blanca", fue brutal.
>
> Muchos me han preguntado si tengo miedo.
>
> Y claro que lo tengo.
>
> En México matan periodistas y activistas todo el tiempo. Pero creo firmemente que nunca vamos a transformar el sistema si no entendemos quiénes lo rompen desde dentro. Y para eso hay que mirar al monstruo a los ojos.

Después de Aurelio, entrevisté a César Freyre, una figura envuelta en uno de los casos más polémicos del país: el supuesto secuestro de Hugo Wallace. No sé si César es realmente responsable del secuestro. Hay muchas dudas legítimas sobre lo que ocurrió en ese caso, empezando por si fue o no un secuestro en términos metodológicos, es decir, con el objetivo claro de obtener dinero a cambio de una vida.

Pero lo que sí sé es que estar frente a César Freyre fue como estar frente al diablo.

Fue mi primer encuentro con un verdadero psicópata.

Tenía 24 años y sentí que no estaba preparada. Esa entrevista me marcó para siempre. Me dejó claro que aún nos falta mucho por hacer para entender la mente criminal y la complejidad de estos perfiles.

No puedo describirlo de otra manera: César Freyre es el diablo en persona. Frío. Calculador. Inquietante.

Tiene una de esas miradas que no se te olvidan nunca. Miradas negras, sin alma.

Yo no creo en el alma, pero si necesitara una metáfora para explicar lo que vi, diría que su mirada era vacía de humanidad. Sin profundidad. Sin ninguna compasión. Una oscuridad total.

He conocido a pocos con ese tipo de mirada.

"El Bart" es otro.

Y entrevistar a alguien así te obliga a repensar todo lo que crees sobre el ser humano. Son personas con quienes no se puede establecer una conexión humana como la que tenemos con cualquiera: esa vibra que sentimos al llegar a un lugar y saber quién es buena onda, quién transmite confianza o quién tiene una energía pesada.

Con ellos no hay nada.

Cero humanidad.

Tiempo después entrevisté a Hilda, la entonces novia de César Freyre, también implicada en el caso Wallace.

Ella ya salió en libertad.

Su testimonio fue tan impactante como el de César. Lo más fuerte fue que, sin tener contacto alguno entre ellos durante años, ambos dijeron exactamente lo mismo.

César me dijo:

—Soy una persona mala. Fui policía judicial, corrupto, tengo negocios ilegales, me encantan las armas, lavo dinero, soy narcomenudista… Pero si algo no soy, es secuestrador. Detesto a los secuestradores. Son cobardes.

Y luego, Hilda:

—Mi novio era un maldito. Corrupto, narco, mujeriego. Pero nunca se me va a olvidar que un día, cuando salió en las noticias que habían detenido a una banda de secuestradores, me dijo que deberían matarlos por cobardes. Él pudo ser muchas cosas, pero no un secuestrador.

Ahí entendí el poder de contar la historia completa, de no silenciar ninguna parte, por incómoda que sea.

Y también lo importante que es no construir narrativas únicas.

Porque lo que se nos contó sobre el caso Wallace, en su momento, fue una sola versión.

Una muy poderosa. Muy mediática. Y muy útil políticamente. Y con esto no pretendo hacer una defensa de quienes cometen un delito, justificarlos o exculparlos, no; solo insistir en las fallas de nuestro sistema de justicia.

Reconozco que Isabel Miranda de Wallace tuvo un papel importante en visibilizar la voz de muchas víctimas en el país. Sin embargo, también es innegable que su historia está marcada por un enorme costo humano: el de las personas que terminaron en prisión de manera injusta por el uso y manipulación del sistema de justicia a su conveniencia. El caso de Hugo Alberto Wallace y la red de corrupción que lo rodea son un ejemplo doloroso de cómo la impunidad puede torcer instituciones enteras y arruinar vidas que, en lugar de recibir justicia, fueron aplastadas por ella.

Las cárceles de México están llenas de personas inocentes que han sido víctimas de corrupción, fabricación de delitos y procesos plagados de irregularidades. El caso Wallace es la prueba más clara de esa realidad: demuestra, casi con certeza, que nuestro sistema penal no está diseñado para garantizar justicia, sino para proteger intereses. Por eso, hoy más que nunca, necesitamos voltear la mirada hacia todas las personas privadas de la libertad injustamente y reconocer que su dolor no es un daño colateral: es la consecuencia directa de un sistema roto que perpetúa la impunidad.

Lo que aprendí al entrevistar a César Freyre y a Hilda es que el perfil psicopático no necesariamente se construye desde el crimen, sino desde la desconexión emocional más profunda.

Los psicópatas no mienten porque sí, lo hacen para manipular. Y eso es aún más escalofriante, porque implica que te vean como un medio, no como un ser humano.

Te usan. Te leen.

Y deciden si sirves para algo en su juego mental.

Fue la primera vez que sentí que mi trabajo como criminóloga no solo implicaba conocimiento, sino una fortaleza emocional muy cabrona.

Porque estar frente a alguien así no es para nada como en las películas.

No hay cortes de cámara.

No hay seguridad total.

Estás tú, tus preguntas, y un monstruo que sonríe.

Otra de las entrevistas más devastadoras de mi carrera fue la de Noé Hernández, el asesino confeso de Fernandito Martí.

En ese momento yo trabajaba en la Coordinación Nacional Antisecuestro y colaboraba directamente con tres de las personas más visibles en la lucha contra el secuestro en

México: María Elena Morera, Isabel Miranda de Wallace y Alejandro Martí.

Recuerdo con mucha claridad la tristeza que vivía Alejandro. Una tristeza que iba más allá de haber perdido a su hijo: era el dolor de no saber realmente qué le pasó. La falta de verdad lo tenía roto.

Cuando por fin entrevisté a Noé, grabé todo y le entregué la entrevista a Alejandro Martí.

Fue la primera vez que Noé confesó el asesinato de Fernandito. Contó los detalles. Habló del momento. Del cómo. Del por qué.

Fue demoledor.

La historia es aún más cruel de lo que sabíamos.

Fernandito fue secuestrado por la banda de *La Flor*, pero en medio del proceso, surgió una pelea con otra banda: *Los Petriciolet*.

Un conflicto por dinero. Un asunto de poder. Un "lío de faldas" —como lo describieron ellos— que acabó con la vida de un niño de 14 años.

Un niño que tenía toda la vida por delante.

Un niño que fue ejecutado por error, por venganza, por codicia, por miseria humana.

Ese momento me partió. Porque entendí algo fundamental sobre el crimen organizado cuando trabaja en el secuestro: no hay estructura. No hay honor. No hay plan. Hay caos, violencia y traición entre criminales.

Y quienes pagan las consecuencias de ese caos son las víctimas inocentes.

Después de la entrevista, Noé me escribió una canción de Los Tigres del Norte en una hoja. Han pasado más de 15 años y aún la tengo guardada. Así tengo cientos de recuerdos de esas visitas a la cárcel. Papeles. Dibujos. Cartas. Trozos de historias que me marcaron para siempre.

Entrevistar a Noé no solo me permitió ver con mis propios ojos cómo se construye la maldad, también comprender la urgencia de una justicia transparente y real.

Una justicia que no maquille los casos, que no utilice a las víctimas como banderas políticas ni esconda las fallas del sistema bajo discursos vacíos.

Entendí que la verdad, aunque duela, libera.

Y que quienes estamos de este lado del sistema, del análisis, de la criminología, tenemos la obligación ética de buscar esa verdad, aunque implique ver de frente el horror.

Debo decir también que uno de los encuentros más impactantes de mi carrera fue con Juan Carlos, el llamado "Monstruo de Ecatepec".

Ese día fue especialmente fuerte porque él no había visto a una mujer desde su arresto, hacía ya varios años.

Yo fui la primera mujer —fuera de su madre y su esposa— en estar frente a él desde su captura, ya que el sistema penitenciario le prohíbe cualquier tipo de interacción con otras mujeres, y ese aislamiento tiene una razón: su odio visceral hacia las mujeres.

La primera vez que lo entrevisté fue con Patricia, su pareja. Estaban juntos, algo excepcional, y esa entrevista me obligó a repensar muchas cosas, entre ellas, la forma en que narramos la violencia de género.

Vivimos en un contexto social y político donde la narrativa dominante coloca a la mujer como víctima del hombre violento, y eso, en muchos casos, es cierto.

Pero también aprendí que hay mujeres que son mucho más perversas y peligrosas que sus parejas masculinas. Y Patricia es el ejemplo perfecto. Es, probablemente, una de las personalidades antisociales más complejas que he conocido.

Patricia tuvo una vida marcada por la violencia desde pequeña. Fue abusada sexualmente, vivió en la calle, se prostituía por 20, 30 pesos, perdió sus dientes a golpes.

Crecer con carencias extremas y sin amor propio la convirtió en una mujer que no siente remordimiento.

Durante la entrevista, me confesó algo escalofriante:

—Todavía tengo una lista de gente que quiero matar.

Le pregunté si se arrepentía.

Me miró y se rio con cinismo.

Salí de ahí sabiendo que esa mujer sigue habitada por el odio. Y, probablemente, también por un profundo vacío.

Juan Carlos es distinto.

Desde el primer momento supe que sería distinto.

El director del penal me facilitó la entrevista sin demasiados obstáculos, cosa rara en estos casos. Incluso me mostró una bolsa con pertenencias confiscadas: cartas, dibujos, papeles grotescos escritos en papel de baño.

Todo en esa escena era desconcertante.

Pero lo más perturbador fue que, al iniciar la entrevista, le hice una pregunta directa:

—¿Tienes ganas de matarme?

Es un hombre intelectualmente limitado, con un diagnóstico de esquizofrenia, que encontró en la perversión —en violar y asesinar mujeres— un sentido de identidad.

Una forma de "ser alguien".

Me juró que empezó a matar por un pacto con el diablo. Y llegó un punto en la entrevista donde ya no podía distinguir qué era real y qué era producto de su mente. Me hablaba de más de 60 víctimas, pero los registros oficiales solo confirmaron 11.

Sin embargo, esas 11 mujeres sí existieron, y fueron asesinadas con una brutalidad extrema. Ellas son las verdaderas heroínas de esta historia. Víctimas sin capa que, sin saberlo, se convirtieron en el punto de partida para que dos asesinos seriales dejaran de estar libres.

> La justicia en este caso no vino desde las instituciones. Vino de las madres, hermanas y amigas de las víctimas que tomaron las calles, alzaron la voz y exigieron que no se repitiera la historia de siempre: mujeres desaparecidas, asesinadas y olvidadas. Expedientes archivados. Impunidad sistematizada.
>
> Ellas enfrentaron la indiferencia del Estado, la revictimización y el machismo institucional, y aun así lograron que se hiciera justicia.
>
> Y todo esto ocurrió en Ecatepec, un lugar simbólicamente doloroso: el municipio con más feminicidios de México, dentro del Estado de México, también llamado "el estado de las mujeres".

Esta entrevista me confrontó no solo con los límites de la maldad, sino también con mis propios sesgos.

Durante años trabajé —y luché— desde una narrativa feminista que busca proteger a las mujeres víctimas. Pero también entendí que la violencia no tiene género, y que hay mujeres como Patricia que pueden encarnar el mal de forma pura, intencional y consciente.

Si no reconocemos eso, si la narrativa pública no admite matices, estamos perpetuando un sistema que no busca la verdad, sino el silencio útil.

Después de publicar parte de esta entrevista, fui duramente criticada por un grupo de feministas.

Me cuestionaron por haber entrevistado a Patricia y Juan Carlos. Me reclamaron por "darles voz" a feminicidas. Me dijeron que lo que estaba haciendo era amplificar su discurso, validar su existencia.

Y fue muy fuerte.

Me obligó a hacer una revisión interna, profunda. A preguntarme: ¿Por qué hago lo que hago? ¿Dónde está el límite ético? ¿Para qué cuento estas historias?

La respuesta la encontré —otra vez— en la verdad. En la necesidad de entender lo que muchos quieren enterrar. Porque si callamos la historia, la historia se repite.

Por más dolorosas que sean, las historias deben contarse.

Y no solo contarse: deben quedar escritas, grabadas, documentadas.

Para que no se olviden. Para que aprendamos. Para que no volvamos a cometer, como sociedad, los mismos errores.

> Mi trabajo no es justificar a nadie. Tampoco es glorificar el horror. Es entenderlo. Nombrarlo. Ponerle rostro.
>
> Y que a partir de eso, como sociedad, podamos hacer algo distinto.
>
> Siempre, mi respeto y compasión estará con las víctimas y sobrevivientes.

11.
UN PROYECTO ENTRE LA CONDENA Y LA ESPERANZA

Reconozco que *Penitencia* es un proyecto controversial, polémico, que ha generado mucho debate y ha crecido con rapidez. Mi primera reflexión, a la cual me aferro profundamente, es que en México es urgente redefinir el concepto de justicia. Soy una fiel creyente de que la ausencia del Estado de Derecho ha provocado un grave deterioro social. Y si algo tengo muy claro es que la venganza y la justicia nunca van a ser sinónimos.

Así que ante la falta de un sistema funcional, debemos buscar herramientas que generen cambios estructurales y salvaguarden los derechos más básicos de las personas, como la vida y la libertad.

Es paradójico que el propio gobierno haya recurrido a acciones que generan falsas expectativas en materia de seguridad.

El ejemplo más claro fue el aumento de la pena por secuestro en 2006, en respuesta a una ola inédita de plagios, como los casos de Galindo, Martí y Gallo, así como el surgimiento de bandas criminales como "El Mochaorejas", "La Víbora", los "Caletri" y los "Tolmex". Estas organizaciones secuestraban tras investigar el patrimonio de sus víctimas, apuntando al "pez gordo". Sin embargo, lo que no se analizó en su momento es que el verdadero problema no era la frecuencia de secuestros, sino la impunidad con la que se cometían, facilitada por la corrupción policial.

Cuando los secuestradores cooperan con la policía —o incluso pertenecen a ella— el delito se vuelve prácticamente imposible de castigar.

Si quienes deben protegerte tienen acceso a expedientes y denuncias y están coludidos con los delincuentes, entonces la denuncia no avanza y las víctimas pierden la confianza en el sistema.

Esa impunidad fue, y sigue siendo, el gran problema.

La conversación pública debió enfocarse ahí.

Un caso paradigmático es el de "El Mochaorejas". En su momento, se habló de un "súper policía" que logró capturar a Daniel y Aurelio Arizmendi, pero luego se descubrió que ese mismo agente era su compadre y colaborador.

Hoy tengo en mi poder cientos de casos de policías en prisión por delitos graves. ¿Qué pasó con México? Los políticos, en lugar de atacar la corrupción, decidieron tranquilizar a los empresarios con una política populista: aumentar las penas por secuestro. Y la gente celebró esa medida, aplaudiendo propuestas como la del Partido Verde, que decía: "Pena de muerte para secuestradores." Pero la pena de muerte aparece en la Constitución: su aplicación es inconstitucional en

México. Aún así, se usó ese discurso para lucrar con el miedo colectivo. Esa campaña hizo que el Partido Verde ganara varios puntos de popularidad.

Desde entonces, hemos vivido una política de seguridad reactiva y superficial, con muchas promesas rotas. Está comprobado que el endurecimiento de penas no disminuyó el crimen; al contrario, provocó más homicidios, ya que matar a la víctima resultaba menos penado que secuestrarla.

> Los secuestradores prefieren matar a su víctima, antes que llegar a la cárcel por el crimen de secuestro.
>
> Este tipo de decisiones erráticas ha contribuido a un México cada vez más individualista, donde predomina la indiferencia hacia el otro. Un país donde parece importar más el bienestar propio que el daño causado a los demás. Esta realidad es profundamente triste.
>
> Y todo esto ocurre porque el Estado no ha cumplido con su responsabilidad de garantizar la vida y la integridad de sus ciudadanos.

Las cifras de feminicidios, infanticidios y homicidios son alarmantes, y esa es la raíz de la desconfianza social. Por eso entiendo que *Penitencia* sea visto como un proyecto disruptivo. Cuando las personas están alimentadas de odio y venganza, les resulta impensable escuchar a quienes están privadas de la libertad como parte de un proceso de redefinición de la justicia. Pero eso es precisamente lo que busca *Penitencia*: invitar a la reflexión. ¿Estamos haciendo lo correcto? ¿Es la delincuencia tan blanco y negro como nos hacen creer? ¿Ser "no delincuente" nos convierte automáticamente en "buena persona"? Estos cuestionamientos incomodan, pero son necesarios. La realidad está llena de matices que nos hacen corresponsables del país que hemos construido.

Un ejemplo es la historia de "Malacara", un hombre que cumplió condena por varios delitos, pero cuya vida estuvo marcada por el abandono, la violencia y el dolor desde la infancia.

Sus padres se separaron cuando era muy pequeño, y él y sus hermanos quedaron al cuidado del padre, quien terminó en prisión. La madrastra que quedó a cargo los maltrataba brutalmente, golpeándolos con cadenas, de ahí las cicatrices que le dieron su apodo.

Siendo el mayor de tres hermanos, tuvo que trabajar limpiando casas para alimentar a los pequeños. Cuando las autoridades notaron las lesiones que presentaban, fueron llevados al DIF y luego a la Casa Hogar Mami Lupita, donde —según su testimonio— se traficaban órganos de niños. Nunca se separó de sus hermanos y los protegía a toda costa.

En una supuesta excursión a Veracruz, algunos niños fueron drogados y no regresaron. La directora fue arrestada por tráfico de órganos.

"Malacara" describe ese lugar como una correccional: maltratos, violencia sexual, hambre y ausencia de educación. Se escapó a los 9 años con sus hermanos, de 2 y 5 años. Vivieron en la calle. Un día, al dejar al más pequeño al cuidado de alguien, se lo robaron. Nunca volvió a verlo.

A los 10 años mató a un niño que intentó violar a una niña con la que vivían en las coladeras. Ese acto lo marcó para siempre. Cuando su padre salió de prisión, regresaron con él, pero el entorno seguía siendo violento. El padre cayó de nuevo en prisión y falleció, al igual que la madrastra, tras contagiarse de VIH.

A los 14 años, "Malacara" ingresó a la correccional por homicidio. Allí se "maleó", comenzó a consumir drogas y a pelear. A los 17 mató a un policía tras ser sorprendido robando. Hoy tiene 41 años y es su cuarto ingreso a prisión. Su vida ha estado definida por la violencia, el abandono y la marginación. Su futuro, aún cercano a la libertad, es incierto.

También pienso en el caso de José Luis, un hombre cuya visión machista lo llevó a creerse con el derecho de matar a su esposa porque, según su mentalidad, ella no cumplía con los "deberes de mujer" que esta sociedad tanto promueve y tan poco cuestiona. Ese tipo de reflexiones son justamente las que *Penitencia* busca provocar, aunque no ha sido un camino fácil.

Con el tiempo, he comprendido que la injusticia no respeta género, edad, condición social ni orientación sexual. Y eso me duele profundamente. Siendo parte de la comunidad LGBT+, entiendo con mayor claridad historias como la de Rocío, conocida como Chío, quien cumplió una condena por un ataque que, en realidad, fue una defensa frente a años de acoso homofóbico. Chío no solo defendió su vida, sino también la de la mujer que amaba. Sin embargo, su reacción terminó privándola de libertad y dejándola en la incertidumbre de un proceso judicial que aún no tiene sentencia.

Todo comenzó durante un paseo por su colonia. Chío iba acompañada de su novia cuando se cruzó con un grupo que, desde hacía tiempo, la hostigaba por su orientación sexual. Ese día no pudo más y los enfrentó. La respuesta fue una golpiza brutal, casi hasta matarla, solo por ser lesbiana. Como pudo, logró refugiarse en su carro. Sin embargo, vecinos salieron también con palos y machetes, y comenzaron a agredirla a ella, a su pareja y a su suegra, quienes habían acudido en su auxilio. En un acto desesperado, Chío arrancó el auto y atropelló a varios adolescentes, causándoles lesiones.

Pasó años en prisión, hasta que pudo pagar la reparación del daño con el apoyo de *Penitencia* y La Cana. Durante su proceso, enfrentó extorsiones, discriminación y una constante revictimización por ser mujer y lesbiana. En prisión hizo amigas, escuchó historias dolorosas y decidió estudiar Derecho Penal. Hoy, en libertad, aunque sigue enfrentando un proceso por lesiones, busca reparar el daño y ser comprendida.

Chío es plenamente consciente del machismo y la homofobia que imperan en México. Su historia nos obliga a reflexionar sobre las consecuencias de los linchamientos sociales y sobre cómo el sistema castiga a quienes se defienden más que a quienes agreden.

Teniendo presentes estos y tantos otros casos, nació *Penitencia*. Surgió durante la pandemia, en ese tiempo de encierro y reflexión en el que muchos nos preguntamos: ¿Qué sigue?, ¿cómo va a cambiar el mundo?, ¿cómo vamos a cambiar nosotros? Yo tenía en mi computadora una serie de entrevistas que había hecho años atrás, cuando trabajaba en la Policía Federal, usando una grabadora, con fines de investigación sobre perfiles de secuestradores.

En una conversación con quien hoy es mi socio, le dije: "Quiero hacer algo con estas entrevistas, tal vez un podcast, pero no sé por dónde empezar."

Era un momento en que el podcast estaba resurgiendo como un medio de conexión humana durante el aislamiento. Así nació la idea de *Penitencia*, aunque en ese momento no tenía ni forma ni estructura. Pasaron tres años hasta que el proyecto tomó forma real.

Para mí, emprender *Penitencia* fue, y sigue siendo, un desafío inmenso. Iniciar en un mundo que desconocía, como el de las redes sociales, fue un salto al vacío. Nunca me sentí parte del universo de los *influencers*, y darme cuenta del impacto que puede tener una historia contada en el momento adecuado fue abrumador. La producción que imaginaba para el podcast me generaba mucho miedo. Sabía que hacer algo tan disruptivo sería difícil de digerir, especialmente viniendo de una trayectoria como activista, con cierto reconocimiento público. Me angustiaba que se malinterpretara lo que yo quería hacer solo por salirme del rubro en el que estaba.

> Uno de mis socios, el "Pana", siempre dice que tengo el famoso "síndrome del impostor": esa sensación constante de no ser suficiente ni merecedora de nada. Definitivamente lo tengo. Y al inicio del proyecto, ese síndrome se intensificó, llevándome a confiar, para mi mala fortuna, en personas equivocadas.

El primer intento formal de lanzar *Penitencia* fue un proyecto llamado *Privadas de la Libertad*. Confié profundamente en alguien que creí velaría por mis intereses, pero me equivoqué. Vio una oportunidad y se aprovechó. Fue una lección muy dura: si quieres hacer las cosas bien, debes hacerlo con contrato en mano y separar lo profesional de lo personal. Aprendí que la confianza sin estructura puede costarte muy caro.

Tiempo después conocí a mis actuales socios, Alex y el "Pana", quienes se han convertido en hermanos para mí. Juntos empezamos a trazar el camino y a descubrir cómo la gente reaccionaba ante el proyecto. Muchos creen que teníamos todo planeado desde el principio, pero la realidad es que *Penitencia* nació en medio de la incertidumbre. Nos lanzamos a grabar dentro de cárceles sin saber exactamente cómo hacerlo.

Recuerdo especialmente el primer capítulo que grabamos: el de "Bocanegra". Fue dos días después de mi boda. El sábado 4 de junio me casé, y el domingo 5 ya estaba volando a Cancún, a las cinco de la mañana, para grabar. Mientras muchas personas estarían de luna de miel, yo estaba lejos de mi esposa, con Alex, grabando lo que se convertiría en uno de los proyectos más importantes de mi vida. Ese es, y sigue siendo, mi nivel de compromiso con *Penitencia*.

Ese día, —y está grabado— mientras entrevistábamos a "Bocanegra", hubo una balacera afuera del penal. Tuvimos que detener la entrevista, pero seguimos grabando. Aún con temor continuamos, todo quedó documentado. Fue un momento surrealista, y ahí supe que teníamos entre manos algo poderoso.

Lo que nunca imaginé fue el impacto que tendría. A un año de su lanzamiento, *Penitencia* se ha convertido en uno de los podcasts en español con mayor alcance, tanto a nivel nacional como internacional. Me llena de emoción, pero también me ha obligado a enfrentar muchas conversaciones difíciles, especialmente aquellas relacionadas con la corrupción dentro del sistema penitenciario.

Desde el lanzamiento de *Penitencia*, me ha quedado claro que tocar ciertos temas incomoda. He enfrentado múltiples obstáculos por parte de autoridades penitenciarias que, directamente, me han impedido el acceso a cárceles con argumentos absurdos, como que "estamos monetizando con un proyecto así". La realidad es otra: a muchos funcionarios les da miedo que *Penitencia* revele las injusticias que ocurren dentro de las prisiones.

Les molesta que le demos voz a quienes el Estado ha silenciado.

Vivimos en un país donde es muy fácil que el Estado decida quién tiene derecho a hablar y quién no. Esa censura disfrazada es durísima. Además, ha sido agotador tener que construir relaciones políticas para generar confianza y solo así entrar a grabar con cámaras en mano. Ese trabajo, sumado al acompañamiento de personas privadas de la libertad (PPL), ha sido complejo, pero profundamente transformador.

Muchas de las PPL han compartido historias íntimas, dolorosas, a veces incluso esperanzadoras. Algunos han encontrado el amor gracias a *Penitencia*. Uno de los capítulos más emotivos fue el de "Honda", donde se cuenta la historia de un hombre que conoció a su futura esposa a través del proyecto. También hemos logrado que varias personas salgan en libertad, no por ser inocentes, sino porque sus historias muestran que merecen una segunda oportunidad.

Un ejemplo de esto es "Malacara", cuya vida ya relaté. Un hombre definido por la violencia estructural, víctima de orfanatos corruptos y de una sociedad que no le ofreció más opción que sobrevivir mediante el delito. Al final, lo etiquetamos como delincuente sin preguntarnos si conoció otra realidad más que la violencia, la marginación y la impunidad.

Ese es el tipo de reflexiones que *Penitencia* quiere provocar: ¿Realmente estamos avanzando hacia un sistema justo y eficiente? ¿O seguimos premiando el privilegio y castigando la pobreza?

Porque la justicia, en este país, sigue siendo un bien exclusivo: se consigue por influencias políticas o por el dinero que llevas en la cartera. Y eso, honestamente, es desgarrador.

Uno de los temas más complejos que hemos enfrentado es el del feminismo dentro de *Penitencia*. Al darle voz a feminicidas o a personas involucradas en violencia de género, se han abierto conversaciones durísimas, incluso agresivas.

El caso de "Calcetitas Rojas" —la historia de Lupita, una niña brutalmente asesinada— es uno de los más dolorosos. Su cuerpo fue encontrado vestido, "arreglado", con una perversidad difícil de describir. Lo más escalofriante es que, por el estatus socioeconómico de la familia, el caso fue archivado sin que ningún culpable pisara la cárcel. No fue sino hasta que la activista Frida Guerrera reabrió el caso que empezó a circular públicamente.

Yo decidí entrevistar a la mamá de Lupita para *Penitencia*. Fue una decisión difícil, sabiendo que desataría polémica. Pero me parecía importante contar su versión, no desde los medios ni desde la narrativa de redes sociales, sino desde su propia voz. Y fue muy doloroso recibir tanto odio por esa decisión.

> Entrevistar a la mamá de Lupita fue, sin duda, uno de los momentos críticos en mi carrera como activista, pero, también, en mi ejercicio como feminista, pues me hizo cuestionarme muchos de mis ideales. Pero de eso mismo trata *Penitencia*, de cuestionarnos, atrevernos, incluso incomodarnos, pues si no hablamos de lo que nos

> incomoda, estamos dando la espalda a temas que merecen ser escuchados.

Esa entrevista me generó una ola de críticas, particularmente dentro del movimiento feminista. Y confieso que fue la primera vez que viví una agresión física en ese contexto. Ocurrió durante la Marcha Silenciosa por le Magistrade, donde dos mujeres que se asumen como feministas me increparon violentamente. Me dolió profundamente porque demuestra una gran contradicción dentro del propio movimiento: la sororidad que se exige hacia afuera no siempre se practica hacia dentro, especialmente cuando alguien piensa distinto.

Aun así, volvería a hacer ese capítulo. Fue la primera vez que la madre de Lupita habló públicamente sobre lo que realmente ocurrió. En su testimonio se revela que el agresor no era un desconocido ni únicamente su pareja, sino que la madre también fue parte —por omisión, por miedo, por violencia previa— de ese entorno.

Esto rompe con la narrativa simplista de "mujer buena, hombre malo". Porque sí: hay mujeres que también ejercen violencia. Y me parecía crucial visibilizarlo sin perder de vista que ella misma fue víctima del sistema, de un hombre violento, de una estructura que no la protegió. Aun así, el sistema judicial la condenó a más de 70 años de prisión, mientras él fue sentenciado a 110. Ambos están en la cárcel.

Recibir tanto odio por visibilizar esta historia me obligó de nuevo a cuestionarme: ¿Estoy haciendo lo correcto? ¿Lo que hago es ético? ¿Debería callarme para evitar conflictos? Tras muchas conversaciones, entendí que *Penitencia* tiene que incomodar, precisamente porque muestra realidades que no encajan en los discursos polarizados. No siempre hay un lado bueno y uno malo. Y eso nos cuesta aceptarlo.

Una de las lecciones más duras que me ha dejado *Penitencia* es que en México la justicia no opera de forma equitativa. Hay personajes que son castigados no solo por sus actos, sino por la presión mediática, mientras que cientos de agresores más peligrosos permanecen impunes.

Tomemos como ejemplo el caso de Fofo Márquez. Me parece una persona nefasta, sí, pero lo preocupante no es solo lo que hizo, sino la forma en que fue juzgado. Su condena por intento de feminicidio generó gran controversia, no porque sea inocente de agresión, no lo es y es indefendible, sino porque el sistema judicial mexicano decidió hacer de él un chivo expiatorio, un castigo ejemplar para calmar la indignación colectiva acumulada.

El intento de feminicidio es un delito gravísimo que, por supuesto, debe sancionarse con firmeza. Pero cuando lo comparamos con casos de agresores reincidentes que han violado, torturado o intentado asesinar a mujeres y han salido libres con fianzas mínimas, la incongruencia se vuelve evidente.

La organización OCUPA lo explicó con claridad: "Si empezamos a llamar feminicidio a cosas que no lo son, debilitamos las herramientas legales que realmente protegen a las mujeres." En Derecho Penal, la sentencia debe ser proporcional al daño causado. Mientras el delito de lesiones protege la integridad física y mental, el feminicidio protege la vida, y además se debe probar la intención de matar por razones de género. Eso no siempre ocurre, pero aún así, en varias ocasiones, se lanza la etiqueta de feminicidio sin pruebas suficientes.

El problema no es solo jurídico, sino político y social. Cuando alguien con notoriedad comete un delito, el sistema tiende a actuar con los extremos: o no hace nada, o impone penas desproporcionadas para mandar un "mensaje". Con Fofo, el mensaje fue claro: "Aquí no se tolera la violencia de género." Pero la justicia no debería usarse para tranquilizar a la opinión pública, sino para aplicar la ley de forma imparcial. Insisto no justifico para nada su conducta ni su grado alarmante de violencia.

Lo mismo ocurrió con YosStop, quien fue detenida por hablar de un video en sus redes sociales. Mientras tanto, los agresores sexuales reales —los que aparecen en el video abusando de la víctima— no habían sido detenidos. Lo que ocurrió fue un espectáculo mediático: el castigo cayó de inmediato sobre la figura pública, no sobre los responsables del delito. Una vez más, se desvió la atención.

Cuando el castigo se vuelve selectivo y se aplica de forma desproporcionada, lo que tenemos es una simulación de justicia. No es justo que algunos sean castigados con dureza por ser conocidos, mientras los verdaderos agresores —los reincidentes, los protegidos por redes de poder— sigan libres.

> México no necesita castigos ejemplares por presión mediática. Necesita un sistema judicial funcional, congruente, donde las víctimas sean escuchadas y las leyes se apliquen con justicia, no con populismo.

Uno de los grandes errores que hemos cometido en México en materia de seguridad es que se mide el éxito por la cantidad de detenciones. Bajo esa lógica, entre más personas en prisión, mayor sensación de eficacia. Pero nadie se pregunta a quién se está deteniendo. No importa si son inocentes, lo importante es "mostrar resultados". Mientras más malandros aparezcan en la foto, más tranquila se siente la opinión pública.

Eso ha sido durísimo de entender, porque significa que la justicia es solo un espectáculo estadístico. Y cuando analizas a fondo, te das cuenta de que a las autoridades no les gusta sque las expongan por esta simulación.

Con *Penitencia*, buscamos mostrar precisamente esas irregularidades que el gobierno trata de ocultar desde adentro del sistema. Y lo hacemos no por morbo, sino para exigir una justicia real.

Un ejemplo claro es el caso de la familia Aquino, una historia que me llegó de manera muy particular. Cuando me encontraba entrando al penal, una perito de la Fiscalía se me acercó con total discreción. Me dijo:

—No voltees. No me saludes. Solo apunta este nombre: la familia Aquino. La Fiscalía está intentando inculpar injustamente a toda una familia.

Y se fue. Así, en silencio, cuidando cada movimiento para no ser vista.

A partir de ahí, comenzamos a investigar y descubrimos un patrón preocupante: la criminalización de la pobreza y la fabricación de culpables para cerrar carpetas de investigación atrasadas. Muchas veces se prefiere condenar a inocentes antes que reconocer errores institucionales.

Otro ejemplo poderoso es el caso Tadeo, del cual ya hablamos. Toda la información que obtuve sobre ese caso vino de fuentes dentro de las fiscalías, tanto a nivel federal como estatal, y de la Comisión Nacional de los Derechos Humanos. Estas personas, aun trabajando dentro del sistema, decidieron alzar la voz.

Eso es valiosísimo. Porque si hay algo que todavía puede salvarnos es la valentía individual en medio del sistema corrupto.

Y estoy eternamente agradecida con quienes, a riesgo de sus empleos, se atrevieron a mostrar lo que las instituciones querían enterrar.

Porque no todos nacen "malos". Muchas veces, la maldad se forma a partir de entornos hostiles, de ciclos de violencia repetidos durante generaciones. Lo he visto una y otra vez en las historias que llegan a *Penitencia.*

Uno de los aspectos más dolorosos de este trabajo es ver cómo la injusticia afecta a familias enteras. *Penitencia* recibe diariamente decenas de casos de personas que buscan ayuda, pero simplemente no nos da la vida para atenderlos todos. Y esto resulta devastador. La cantidad de historias de dolor, abandono y criminalización que llegan a nosotros es abrumadora.

Y en medio de todo esto, he descubierto que la inocencia puede vivirse desde dos aristas: la inocencia jurídica, de personas que realmente no cometieron el delito por el que están en prisión; y la inocencia del amor absoluto, como el amor maternal. Ese amor que no ve con claridad, que se niega a aceptar lo evidente, que lucha contra cualquier adversidad.

Mientras escribo estas líneas, mi hijo Piero aún no cumple un año y mi hija Pía está en preescolar, ambos son el amor más profundo que he conocido. Hoy entiendo mejor a las madres que se aferran a la libertad de sus hijos. Hace poco, una mujer se me acercó con desesperación:

—Señorita, tienen que ayudarme. Mis hijos no cometieron el delito.

Escuché el caso. Más tarde hablé con uno de los hijos y confirmé que sí era culpable, incluso había confesado. Pero la madre lo defendía con una convicción conmovedora. El amor de madre no razona, no calcula. Solo ama.

Eso también nos ha mostrado *Penitencia*: muchas veces, en esta cadena de violencia, las madres también son víctimas y, en ocasiones, partícipes por omisión o repetición de patrones. Muchas nos dicen: "Debí haber hecho las cosas distinto". Otras, simplemente, repiten lo que vivieron desde niñas. Porque la violencia, cuando no se rompe, se hereda.

He conocido muchos casos donde las personas en prisión tienen padres, hermanos, abuelos que también estuvieron en prisión. Un hombre me dijo:

—Mi papá estuvo preso, mi abuelo también, y ahora yo soy papá de un niño de tres meses.

Y ahí surge la gran pregunta: ¿Cuál será el destino de ese niño? No se trata de criminalizarlo desde la cuna, sino de entender qué entorno lo rodea, qué oportunidades tiene y qué herramientas tendrá para romper con ese destino.

Eso también es *Penitencia*: mirar la violencia no solo como un acto, sino como un contexto, una repetición, una estructura. Por eso hemos puesto tanto énfasis en el tema de la maternidad en prisión, un tema que, sin temor a equivocarme, Reinserta colocó por primera vez sobre la mesa de debate nacional.

No solo promovimos la primera Ley que regula la maternidad en prisión, la visibilizamos, la contamos, la hicimos parte de la conversación pública. Porque hablar de maternidad en prisión no es hablar de culpables, sino de niños y niñas que nacen y crecen en condiciones de abandono estructural.

No quiero sonar narcisista ni egocéntrica, pero sí me llena de orgullo saber que los proyectos que encabezo, *Penitencia* y Reinserta, han generado conversaciones que hace veinte años eran impensables. Antes, lo que pasaba dentro de las cárceles era un misterio. Hoy ya no. Gracias al trabajo colectivo, existen canales de comunicación, narrativas distintas y, sobre todo, escucha social.

Uno de los casos que más me ha marcado es el de Larita, una mujer que terminó en prisión tras descuartizar a su violador. Su historia es dura, compleja y profundamente incómoda para una sociedad que prefiere mirar hacia otro lado antes que aceptar su complicidad en la violencia de género.

Desde el inicio de su relación, Larita fue sometida a un ciclo continuo de violencia física, psicológica y sexual por parte de su esposo. Lo que comenzó como una relación aparentemente "normal" se transformó rápidamente en una pesadilla de humillaciones, golpes y violaciones constantes.

Él controlaba cada aspecto de su vida: decidía si podía trabajar, la mantenía encerrada, la aislaba del mundo exterior. El control coercitivo era absoluto, y Larita fue reducida a una especie de servidumbre. Era tratada como una propiedad más, alguien que podía ser explotada y violentada sin consecuencias.

Uno de los aspectos más alarmantes fue la negligencia institucional. Larita denunció varias veces la violencia que sufría, pero fue ignorada. Su esposo tenía conexiones con la policía y redes criminales, lo que le aseguraba impunidad. Cada vez que ella pedía ayuda, el sistema respondía con indiferencia o, peor aún, con revictimización.

Este patrón —la falta de respuesta del Estado, la revictimización, la invisibilización del dolor— es común en la violencia de género en México. El caso de Larita demuestra cómo la ausencia de acceso a la justicia puede empujar a una mujer violentada al límite, hasta que la única salida que ve es la violencia.

La decisión de Larita de matar a su esposo no fue impulsiva. Fue el resultado de años de tortura física y emocional. En su testimonio, ella describe la sensación de liberación tras hacerlo. No desde la frialdad, sino desde el trauma: matar fue, para ella, una forma de sobrevivir.

Y sin embargo, el sistema la trató como a una asesina sin contexto, sin historia, sin pasado. Mientras agresores reincidentes reciben penas mínimas o gozan de impunidad, mujeres como Larita —que se defendieron tras años de abuso— son castigadas con todo el peso de la ley.

Este es un ejemplo claro de la justicia patriarcal, donde se protege al agresor y se criminaliza a la víctima que decide romper el ciclo. En vez de analizar el entorno de violencia que la llevó a ese punto, el sistema simplemente la condenó.

La historia de Larita nos obliga a hacernos preguntas incómodas:

¿Cuántas mujeres están hoy en la misma situación?

¿Cuántas han sido ignoradas por el sistema hasta que no vieron más salida que la autodefensa?

¿Cuántas madres no les creyeron a sus hijas cuando les dijeron "me están violentando"?

Y sí, hay que decirlo: muchas madres también son víctimas, mujeres que crecieron con violencia y que repiten esos patrones sin saber cómo romperlos. La violencia de género en México no es un problema aislado: es estructural, generacional y profundamente normalizado.

El caso de Larita no es solo la historia de un homicidio. Es el testimonio brutal, debo insistir siempre, de un sistema que castiga a quienes intentan sobrevivir, mientras protege a quienes ejercen la violencia.

Una de las reflexiones más duras que ha dejado *Penitencia* es entender que, en muchos casos, la violencia no comienza con el delito, sino con el contexto que lo antecede. La vida de muchas personas privadas de la libertad está atravesada por una cadena heredada de abandono, pobreza, exclusión y violencia normalizada.

Esos niños, que hoy están creciendo en casas marcadas por la violencia, en comunidades donde el acceso a educación, salud o alimentación básica es nulo, tienen menos oportunidades desde antes de nacer. Entonces no, la cárcel no es una coincidencia. Es, muchas veces, una consecuencia.

Penitencia nos ha llevado a documentar historias donde la violencia familiar se ha repetido por generaciones, donde el delito no es el quiebre, sino la continuidad. Historias en las que la cárcel se vuelve el único lugar donde, irónicamente, alguien los escucha, los alimenta y los atiende.

Esto no significa que debamos romantizar el crimen o perder de vista el daño causado a las víctimas. Significa que no podemos seguir viendo al delito como un fenómeno individual. Debemos comenzar a abordarlo como lo que es: una manifestación de desigualdad, marginación y violencia estructural acumulada.

Si queremos reconstruir el tejido social, tenemos que ir más allá del castigo. Tenemos que romper esos ciclos intergeneracionales, brindar oportunidades reales a las infancias, garantizar entornos seguros, y dejar de medir la seguridad por el número de detenciones.

Porque, cuando metemos a prisión a una persona sin haberle dado antes alternativas dignas, no estamos resolviendo el problema, solo lo estamos empujando al fondo del sistema.

Tengo la esperanza —y también la convicción— de que *Penitencia* y Reinserta, los dos grandes proyectos de mi vida, están generando conversaciones que antes no existían. Y si algo me llena de orgullo, es saber que hemos abierto espacios donde antes solo había silencio, miedo e impunidad.

Hace 20 años, lo que ocurría dentro de los reclusorios era una incógnita. Hoy ya no lo es. Hoy existen cámaras, micrófonos, investigaciones, voces. *Penitencia* ha sido una de esas herramientas que han permitido que la sociedad escuche directamente a quienes por décadas fueron silenciados.

Y eso incomoda. Porque cuando escuchamos a quien hemos condenado, nos enfrentamos a nosotros mismos: a nuestras ideas preconcebidas, a nuestra necesidad de venganza, a nuestra complicidad en un sistema que castiga más la pobreza que la violencia misma.

Por eso creo fervientemente en una frase que repito con frecuencia: "La base para la reconstrucción del tejido social es dignificar la vida."

Dignificar la vida no es un cliché, es una urgencia. Es mirar a las personas como son: personas. Con historia, con contexto, con derechos. Es devolverles el sentido de humanidad que les fue arrebatado por el crimen, por el sistema, por el abandono.

La pobreza, la desigualdad, la violencia estructural y la falta de oportunidades han hecho que muchos mexicanos dejen de sentirse valiosos, que crean que su vida no importa. Cuando una persona cree que no vale nada, la posibilidad del delito se vuelve más accesible, y la dignidad, un privilegio inalcanzable.

> Por eso es tan importante entender el delito desde el contexto, no solo desde el acto. Porque muchas veces, el contexto es más brutal que el crimen mismo.
>
> Necesitamos una justicia que no sea espectáculo, que no sea revancha. Necesitamos políticas públicas que reparen, que protejan, que construyan. Y, sobre todo, que prevengan. Si no conocemos las historias, no podemos evitarlas. Si no las entendemos, las repetiremos.
>
> *Penitencia* no es un podcast sobre criminales. Es una herramienta para mirar lo que la sociedad no quiere mirar, para abrir espacios de escucha donde nunca los hubo, y para invitar a la acción desde la empatía, no desde el castigo.

No sé cuál sea el futuro de *Penitencia*, pero lo que sí sé es que seguiremos luchando por evidenciar la normalización del abandono, la marginalización, las adicciones, la impunidad y la violencia estructural. Queremos llevar micrófonos a las cárceles, no para justificar delitos, sino para entender los contextos que los generan.

12.
MI VOCACIÓN ES RESISTIR

Ser auténtica, decir mi verdad, amar libremente, criar con conciencia, luchar contra un sistema penal que aplasta en lugar de reconstruir, ha sido mi manera de resistir. De resistir a una sociedad que muchas veces prefiere la venganza a la justicia, el castigo al entendimiento, el silencio a la verdad.

> La vida, tal como la he vivido y contado en estas páginas, no ha sido una búsqueda de comodidad, ha sido una batalla constante por la dignidad. No por una idea abstracta de lo que está bien o mal, sino por la urgencia de reconocer el valor de cada vida, de cada historia, de cada voz.

Como dijo Nelson Mandela: "Si quieres hacer las paces con tu enemigo, tienes que trabajar con tu enemigo. Entonces se convierte en tu compañero."

Esta frase, tan radical como profundamente humana, me acompaña cada vez que me enfrento al dolor de un sistema penitenciario que ha olvidado a quienes lo habitan. Porque es fácil odiar. Lo difícil —y lo valiente— es buscar la raíz del daño y preguntarnos cómo lo sanamos entre todos.

No hay transformación posible sin empatía, sin colectividad. Como dijo también quien fuera presidente de Uruguay, Pepe Mujica: "Si no logramos que el ser humano piense en clave de especie, estamos liquidados." Hemos caído por décadas en un pensamiento individualista, donde lo mío vale más que lo nuestro. Pero vivir en una sociedad implica responsabilizarnos no solo de nuestros actos, también de nuestras omisiones.

A lo largo de estas páginas he intentado abrir mi vida no solo para hablar de mí, sino para contar historias que nos duelen a todos, reflexionar con sinceridad sobre múltiples cosas que nos rodean. Desde la niña que fui, hasta la madre que hoy soy, desde el amor libre que defiendo, hasta los penales que he recorrido... todo lo que soy se resume en una sola convicción: no podemos normalizar lo que debería indignarnos.

La justicia no es venganza. La justicia es humanidad. Es posibilidad. Es reconocer que incluso en los lugares más oscuros hay luz, si decidimos verla, si decidimos serla.

Hoy te invito, lector, lectora, amigo, cómplice o persona que no está de acuerdo conmigo, a mirar el mundo desde otra óptica. A abrazar la diversidad como lo que es: una riqueza. A entender que ser auténtico es, en este país, un acto revolucionario. Y que si queremos realmente construir un México más justo, más seguro, más amoroso, tenemos que empezar por volver a confiar en la capacidad de las personas para transformarse. Acompañarlas en ese proceso. Y no soltarles la mano.

Porque la justicia que transforma, la empatía que reconstruye y la autenticidad que libera… son el camino hacia el país que todos merecemos.

> De verdad lo creo, lo confieso y lo confirmo: no vine a este mundo a acomodarme.
>
> Vine a cuestionarlo y a reconstruirlo con dignidad."

13.
ESTA SOY PARA MIS HIJOS

Pía y Piero, este libro es para ustedes.

Porque sé que crecerán en un mundo saturado de voces, de opiniones, de juicios y de medias verdades. Un mundo donde lo digital puede desdibujar la esencia de quienes somos. Por eso quise dejarles estas páginas: para que algún día, cuando quieran saber quién fue su madre, no lo hagan a través de otros, sino desde mi voz, mi historia y mi verdad.

No sé cuánto tiempo estaré en sus vidas, pero sé que ustedes son la razón de la mía. Son el motor que me impulsa a levantarme cada día, a seguir luchando por un país en el que podamos salir a la calle sin miedo, donde las infancias estén a salvo, donde el amor no sea causa de vergüenza y donde la justicia no sea un privilegio, sino un derecho.

Mi deseo más profundo es que vivan con libertad, con coraje, con empatía. Que no se conformen con lo que el mundo les diga que deben ser. Que abracen siempre su verdad, por incómoda o diferente que sea. Porque la verdad, aunque duela, es la única tierra firme sobre la que se puede construir una vida feliz y plena.

Este libro no solo cuenta lo que viví. También es una promesa. La promesa de que siempre tendrán una madre que los ama con todo, que luchó por dejarles un mundo mejor, y que creyó con convicción que decir la verdad es, también, una forma de amar.

Con todo mi corazón:
Mamá

AGRADECIMIENTOS

Querida lectora, querido lector:

Gracias por llegar hasta aquí. Este libro nació de la necesidad de contar mi verdad, de explorar las múltiples capas de una vida marcada por el amor, la maternidad, el crimen, el dolor, la lucha y la posibilidad de redención.

No pretendo que estés de acuerdo conmigo. Pretendo que sientas, que dudes, que te cuestiones. Porque solo desde la incomodidad nace la transformación. Este libro no pretende justificar, pretende comprender. No pretende incomodar solo por incomodar, sino abrir grietas profundas para que entre la luz.

He caminado cárceles, salas de juicio, hogares rotos, orfanatorios olvidados y destruidos, foros internacionales y también mis propios abismos. Me he acercado al crimen y a lo injustificable, no por morbo, sino porque creo que ahí también hay verdad. Porque creo que nadie nace siendo monstruo. Porque creo que la justicia no se construye con miedo, sino con empatía, con información, con dignidad.

Ojalá este recorrido haya dejado más preguntas que respuestas. Porque ahí empieza la reflexión. Y en la reflexión, la posibilidad de cambio.

Gracias por llegar hasta aquí conmigo, te compartí mis tropiezos, mis dudas y miedos, también mis ideas sobre justicia, dolor, esperanza, busqueda de igualdad; te hablé de lo que para mí es el amor, la familia el milagro de los hijos. Cuento lo que pienso del delito, del sufrimiento y lo vulnerable que a veces me siento, porque no todo ha salido bien, ha habido muchas horas de silencio y oscuridad, pero vivo, amo, anhelo intensamente, caigo y me levanto, solo porque sí, porque esta soy.

Agosto 2025

Esta obra se terminó de imprimir
en el mes de noviembre de 2025,
en los talleres de Impresora Tauro, S.A. de C.V.
Ciudad de México.